Gestalt e sonhos

CIP-BRASIL. CATALOGAÇÃO NA PUBLICAÇÃO
SINDICATO NACIONAL DOS EDITORES DE LIVROS, RJ

L698g

Lima Filho, Alberto Pereira
Gestalt e sonhos / Alberto Pereira Lima Filho. - [3. ed. rev.]. -
São Paulo : Summus, 2024.
224 p. ; 21 cm.

Apêndice
Inclui bibliografia
ISBN 978-65-5549-139-5

1. Psicoterapia. 2. Gestalt-terapia. I. Título.

24-87914 CDD: 616.89143
CDU: 615.851:159.9.019.2

Gabriela Faray Ferreira Lopes - Bibliotecária - CRB-7/6643

www.summus.com.br

Gestalt e sonhos

Alberto Pereira Lima Filho

summus editorial

GESTALT E SONHOS

Editora executiva: **Soraia Bini Cury**
Preparação de texto: **Carlos S. Mendes Rosa**
Revisão: **Mariana Marcoantonio** e **Janaína Marcoantonio**
Capa: **Alberto Mateus [Crayon Editorial]**
Imagem da capa: **Ronaldo Miranda Barbosa**
Projeto gráfico: **Crayon Editorial**
Diagramação: **Spress**

Summus Editorial
Departamento editorial
Rua Itapicuru, 613 – 7º andar
05006-000 – São Paulo – SP
Fone: (11) 3872-3322

http://www.summus.com.br
e-mail: summus@summus.com.br

Atendimento ao consumidor
Summus Editorial
Fone: (11) 3865-9890

Vendas por atacado
Fone: (11) 3873-8638
e-mail: vendas@summus.com.br

Impresso no Brasil

Sumário

Apresentação 7
Ao leitor 9
Prefácio 11
Introdução 13

PARTE I — Preparo da terra 17
A noção de intervenção 19
O experimento em Gestalt-terapia 27
Sonhos: função, conteúdo e terapia 41

PARTE II — Convites ao inconsciente 51
O sonho de June 53
O sonho de Jane (I) 77
O sonho de Jane (II) 107
O sonho de Steve (I) 121
O sonho de Steve (II) 137

PARTE III — Sementes lançadas 153
Descrição do método 155
As intervenções verbais 161
Decorrências terapêuticas 189
Aspectos estruturais do experimento 193
O vínculo entre cliente e psicoterapeuta 207

Referências 215
Apêndice 217

Apresentação

Os sonhos e seus significados sempre despertaram o interesse e a curiosidade tanto de leigos quanto de psicólogos, filósofos e outros profissionais e estudiosos.

Embora a Gestalt-terapia e em especial Frederick S. (Fritz) Perls — uma das figuras mais conhecidas da abordagem e um de seus fundadores — tenham-se distinguido pelo trabalho com sonhos, existe muito pouco material sistematizado e escrito a esse respeito, razão pela qual a bibliografia do assunto, tanto nacional quanto estrangeira, é bastante escassa.

A Gestalt-terapia considera os sonhos um caminho para a integração de aspectos da personalidade, pela integração das várias partes que os compõem. Classicamente, o trabalho com o sonho é feito no presente, mediante ação e tendo por base a experiência do sonhador. Cada componente do sonho (coisas, pessoas, lugares etc.) seriam representações alienadas do sonhador a serem resgatadas e integradas num todo (Gestalt). Delineia-se o trabalho com sonhos como um experimento em que se leva o cliente a experimentar e explorar o seu sonho, sob a orientação das intervenções do psicoterapeuta.

De acordo com Alberto Pereira Lima Filho, o "exercício de identificação proporciona à pessoa um comprometimento sadio com o significado da experiência. O que lhe é revelado pelo sonho não se reduz à apreciação estética; toca-a no plano da ética".

Tendo por base a transcrição de cinco episódios terapêuticos com sonhos extraídos de um *workshop* intensivo dirigido por Fritz Perls durante quatro semanas no Instituto Esalen (em Big Sur, Califórnia) e publicados em *Gestalt therapy verbatim*, Alberto Pereira Lima Filho convida-nos neste livro a acompanhá-lo na análise da metodologia utilizada por Perls.

Com base num estudo meticuloso e criterioso, o autor estabelece 14 categorias de análise, de acordo com as quais se pode compreender a metodologia de Perls no assunto.

Esta obra nos fornece uma clara explicitação do método e da fundamentação teórica que nortearam as intervenções de Perls no trabalho com sonhos, além de nos oferecer as reflexões do autor relativas a ele.

Escrito originalmente como dissertação de mestrado apresentada ao Instituto de Psicologia da Universidade de São Paulo, este livro constitui material de valor inestimável para o estudo e a compreensão do trabalho com sonhos na abordagem gestáltica. Essa qualidade o transforma em excelente instrumento de aprendizagem tanto para os Gestalt-terapeutas que desejam aprofundar seu conhecimento quanto para os que desejam iniciar-se no aprendizado da abordagem e os que têm curiosidade de conhecer algo a respeito do trabalho com sonhos.

LILIAN MEYER FRAZÃO

Ao leitor

Faço um retrospecto para alcançar as primeiras sementes deste texto. Lembro-me de uma grata experiência que o coração e a memória guardam com imenso prazer.

Eu vivia um período de grandes dificuldades emocionais, recém-chegado a São Paulo, buscando um significado para o meu trânsito pelo cotidiano. A faculdade de engenharia não respondia às minhas questões, nem me auxiliava a formulá-las de um jeito útil. Peço socorro a Lika Queiroz, grande amiga e companheira. *Almofada ou espelho? Escolha um.*

Almofada, respondo. Seguiu-se um trabalho intenso, de cujo sabor não me esqueço. Foi a pista para um redirecionamento de meus cuidados, esforços e dedicação.

Entrei para a faculdade de psicologia.

Quatro anos mais tarde, em sala de aula, Jean C. Juliano propõe aos alunos uma vivência. *Eu conheço este cheiro! Já provei o sabor!* — exclamei em silêncio. Descobri que o trabalho de Lika se chamava Gestalt. Lika inaugurou; Jean desenvolveu. E fui atrás. Fui farejar a Gestalt. Que coisa linda era aquela! Encontrei, a um só tempo, a ajuda e o ofício.

Muitos anos mais tarde, cá estou, apresentando a Gestalt. Fiz um trabalho acadêmico, eu sei. Quando o leio, percebo que talvez não tenha dito o mais simples e o principal: a Gestalt tem de ser vivida. Queira conhecê-la!

O que lhe posso apresentar é um mapa, um roteiro, um pequeno guia. A viagem, ah, a viagem é por sua conta.

Apresentei o primeiro formato do texto ao Instituto de Psicologia da Universidade de São Paulo, como dissertação de mestrado, sob orientação da professora doutora Therezinha Moreira Leite.

A versão que chega a suas mãos é modificada e revista. Examinando o texto original, descobri que eu já não concordava mais comigo mesmo em algumas postulações. E, se não desligar o micro logo, talvez discorde de novo, do novo. O aqui e agora é fugidio: quando vou falar dele, não é mais.

Passei os últimos anos dedicando-me ao estudo aprofundado da psicologia analítica de Jung. Tornei-me analista. Penso em um dia contar como se articulam Jung e Perls dentro de mim... Um dia.

O AUTOR

Prefácio

Quando se diz que um texto ganha independência e autonomia em relação ao autor, isso é para ser ouvido ao pé da letra. A publicação tinha mesmo o sentido de um presente para a comunidade da Gestalt — e um presente não se toma de volta, nem se usa como próprio. Fico contente que o livro se tenha instalado no acervo da Gestalt-terapia. Meu, nele, é hoje apenas o nome com o qual o assino em sinal de autoria. Contudo, alguns presentes precisam ser renovados de tempos em tempos. Então, é com muito carinho que preparo esta segunda edição. Mas não é só. O tema da autonomia permeia também a própria história da Gestalt. Houve um tempo em que a abordagem confluía com os Gestalt-terapeutas, como se o corpo e a alma deles fossem a sua residência. Pois bem, já podemos celebrar a vida própria adquirida pela abordagem, que não mais se confunde com os seus seguidores. O sacerdócio se descolou dos sacerdotes, o que contorna a contento o sempre delicado problema da posse ilícita de um bem coletivo pelos indivíduos. Ao longo do tempo, muitas águas rolaram — e rolaram por caminhos que dificilmente teríamos antevisto, embora nos tenhamos aproximado aos poucos das finalidades por nós almejadas.

Honrou-me saber que inúmeros institutos, núcleos e centros de estudos de Gestalt-terapia adotam meu texto nos seus cursos de formação. O interesse por uma segunda edição surgiu desses vários grupos de formadores, o que me causa grande contentamento. A coletividade gestáltica tornou-se muito ampla, o que se constatou em diversos congressos da abordagem. São claros sinais de expansão de fronteiras, em consonância com o espírito de globalização característico dos nossos dias.

A Gestalt, cujo nome já se inscrevia no repertório das abordagens de psicoterapia, não só cresceu e está mais madura, consistente e abrangente nas proposições teóricas e aplicações clínicas, sociais e educacionais, como também vê sua obra reconhecida e validada por todos a quem ela serve, quer o grande público, quer os meios institucional, acadêmico e científico. É ensinada e desenvolvida em um número crescente de universidades no país, onde se qualificam pesquisadores que a enobrecem e a inserem no campo da construção do conhecimento. Em suma, aquele que, no Brasil, um dia conhecemos como um movimento ainda tímido, pouco mais que embrionário, ganhou maioridade, legitimidade e notoriedade ao longo de décadas.

Em decorrência dessa evolução, muitas das referências históricas contidas no meu texto original tornaram-se anacrônicas; informações referentes à bibliografia e à produção acadêmica ali contidas nem de longe fazem justiça aos inúmeros autores e pesquisadores que se dedicaram à ampliação, à sistematização e à divulgação da abordagem gestáltica, uma vez que já não representam o avanço, a qualidade e a diversidade de textos com os quais hoje contamos. Ainda assim, optei por manter parte da introdução ao meu estudo nos mesmos termos em que fora redigida, apenas para preservar o registro de um momento histórico.

Numa cuidadosa releitura do original, tive de tomar muitas decisões difíceis. Conservei a estrutura do texto e, na medida do possível, evitei alterações de trechos que pudessem ser considerados essenciais. No entanto, foi necessário atualizar aspectos parciais do texto e ajustá-lo para que melhor se alinhasse à realidade atual. Em lugar de ampliar o livro — o que tenciono fazer em futuras publicações —, optei por apenas retocá-lo aqui e ali, em busca de maior clareza na apresentação das ideias, das noções e dos conceitos.

Renovo a minha gratidão a cada uma das pessoas que possibilitaram e contribuíram para a publicação da edição original: Maria Zelia de Alvarenga, Eli Antônio Cury, Rena Signer, Paulo de Tarso Mendonça, Celso Gama, Beth de la Taille, Dudu, Eduardo e Marina Ramos de Oliveira, Eliana e Mauro, Yudith e Vera, Marcelo e Ana Luísa Lima e Maria Rita. De modo muito especial, sou grato aos meus mestres formadores Abel Guedes, Jean C. Juliano, Lilian Frazão e Therese Tellegen. Foram fundamentais para dinamizar a revisão do texto e a publicação da segunda edição Ronaldo Miranda Barbosa, Maria Rita Vieira, Marcelo Barros e Cacilda Valério, a quem me sinto profundamente agradecido.

O AUTOR

Introdução

A Gestalt-terapia surgiu, a rigor, em 1942, com a publicação do livro *Ego, hunger, and aggression*, de Frederick Perls. Nessa época, ainda se denominava *concentration therapy*. O nome Gestalt-terapia coincide com o título da segunda e fundamental obra do mesmo autor e de coautores: *Gestalt therapy – Excitement and growth in the human personality*, publicada em 1951.*

Ao longo dos primeiros anos de sua prática, a Gestalt-terapia foi ensinada a seus seguidores aos moldes das tradições passadas de pais para filhos, de uma geração de psicoterapeutas a outra. Essa modalidade de aprendizagem possibilita ao aprendiz entrar em contato com o método de forma vivencial, podendo incorporar a atitude, as técnicas e os princípios envolvidos no trabalho com base na própria experiência. É legítimo questionar, porém, até que ponto o aprendizado pode sustentar-se com suficiência e oferecer bases sólidas ao trabalho do profissional/aprendiz. Faz-se necessária a contribuição de uma explicitação teórica que descreva o método, tornando-o um conhecimento transmissível e passível de verificação segundo critérios científicos. A aprendizagem por assimilação vivencial só será bem-sucedida quando o aprendiz tiver um bom discernimento, uma criticidade bastante desenvolvida e uma contínua atitude de pesquisa. Isso requer a capacidade de integrar elementos isolados num todo coerente e bem articulado, uma humildade que permita a revisão de posições antigas, e uma atitude de diálogo com outras abordagens — ou com outros estudiosos da mesma abordagem — para contornar o problema do solipsismo. Sem que sejam registradas, as conquistas da aprendizagem tendem a ser obsoletas ou posse individual de quem as buscou.

Este é um momento histórico bastante significativo para a Gestalt-terapia. O entusiasmo da coletividade gestaltista internacional e brasileira pelo fazer — a prática da Gestalt-terapia, mais intuitiva que pensada — evolui gradual e fortemente para o amadurecimento dos aspectos teóricos e clíni-

* Os títulos das obras citadas são os originais, pois o autor optou por utilizar uma tradução própria. Veja as Referências. [N. E.]

cos da abordagem. Áreas muitas vezes negligenciadas ou evitadas (como a origem psicanalítica de Perls, compreendendo as influências da psicanálise sobre seu trabalho; novas contribuições teóricas, como a articulação entre a teoria das relações objetais e a Gestalt-terapia etc.) passam a receber maior atenção e tratamento mais reflexivo, ponderado e menos preconceituoso.

Há fatores que identificam e diferenciam a Gestalt-terapia das demais abordagens na psicoterapia. São inúmeros os critérios possíveis para um exercício de diferenciação e organizam-se sob grandes categorias (filosófica, histórica, metodológica, técnica, visão da constituição e do desenvolvimento do sujeito e assim por diante). Aqui, limito-me ao âmbito metodológico e técnico, pelo menos como foco de atenção; os fundamentos filosóficos (visão de ser humano, atitude diante da questão do conhecimento) ou históricos (origem e desenvolvimento da abordagem) são mencionados a fim de situar e oferecer um contexto para estudo.

Entre as especificidades técnicas da Gestalt-terapia, destaco o "experimento", conforme compreendido, proposto e aplicado por Frederick Perls, como meio de intervenção promotora de mudanças e crescimento no cliente, cuja eficácia, a meu ver, verifica-se de modo especialmente feliz no trabalho com sonhos. Na bibliografia disponível, encontra-se um estudo descritivo da sintaxe de um episódio de contato (Polster e Polster, 2001), que traz elementos para a compreensão da estrutura de um experimento qualquer. Porém, na bibliografia disponível no início dos anos 1990 são poucas e insuficientes as indicações técnicas sobre a condução de um experimento com sonhos* e inexiste uma análise sistemática dos tipos de intervenção envolvidos nessa forma de trabalho. A análise e a explicitação metodológica que apresento favorecem a fidelidade do trabalho do psicoterapeuta aos princípios da abordagem; levantam subsídios para a prática psicoterapêutica, contornando o problema da transmissão do conhecimento; assistem o ensino da psicoterapia gestáltica, sobretudo no que respeita à condução de um experimento com sonho. Uma volta às origens não significa negar todo o trabalho concomitante ou posterior a Perls. Significa, sim, uma releitura da concepção original graças à experiência atual, o que pode emprestar-lhe maior rigor e critério.

* Fagan e Shepherd, 1973; Naranjo, 1973; Latner, 1974; Perls, 1974; Smith, 1976; Zinker, 1977. Além dessas, há as indicações assistemáticas assinaladas por Perls durante a condução de experimentos com sonhos e nas breves palestras que antecediam os seus seminários sobre sonhos, transcritos em suas obras.

Meu intento foi descrever o raciocínio de Frederick Perls na condução de experimentos com sonhos, explicitar seu método de trabalho e, mais especificamente, localizar e identificar os indicadores que norteiam as suas intervenções.

Examinei cinco episódios terapêuticos com sonhos (publicados em Perls, 1974). A amostragem proveio de um mesmo conjunto de episódios terapêuticos vividos num *workshop* intensivo com 24 pessoas durante quatro semanas no Instituto Esalen, no verão de 1968. As transcrições foram feitas com base em gravações sonoras e publicadas com a permissão expressa dos participantes. Segundo Perls, o *workshop* tem um caráter terapêutico mais claro, em contraste com o *seminar*, que consiste num trabalho de demonstração, tendo, portanto, caráter mais didático.

No mesmo *workshop* intensivo ocorreu um trabalho coletivo com sonhos, na modalidade exercício. Ao contrário do experimento, ele não se delineia de acordo com o discurso do cliente; o psicoterapeuta já planejou a sua estrutura de antemão. Fiz uma breve análise do material, num estilo diverso do padrão, e levei em conta os elementos contidos ali para formular as conclusões. A transcrição do episódio e sua análise encontram-se no Apêndice.

Defini um modelo e arrolei categorias de análise com base em critérios sugeridos pelo estudo assistemático de um experimento escolhido fora da amostragem e por critérios fornecidos pela bibliografia consultada. Depois de pilotar o procedimento, apliquei o modelo de análise aos cinco experimentos e sistematizei os dados coletados.

Na Parte I deste livro, apresento alguns fundamentos da investigação do material clínico. Enfoco a noção de intervenção, a proposta experimental original da abordagem gestáltica e a concepção de Perls e de alguns dos seus seguidores sobre os sonhos e as suas técnicas de exploração.

A análise dos experimentos está transcrita na Parte II e representa o núcleo do meu estudo. A leitura psicodinâmica que faço é estranha ao procedimento gestáltico. No entanto, permitiu a mim, e permitirá ao leitor, acompanhar o movimento do trabalho e o emergir do conteúdo inconsciente. As formulações que faço servem de referências para a aferição dos resultados terapêuticos.

As conclusões são apresentadas na Parte III. Espero que possam estimular o leitor a duvidar delas e o deixem intrigado, curioso e animado para verificá-las.

PARTE I

Preparo da terra

A noção de intervenção

Qualquer que seja a abordagem do psicoterapeuta, sua intervenção incidirá sobre o material trazido pelo cliente e estará a serviço de alguma finalidade. Dessa afirmação quero destacar quatro noções — abordagem, material, finalidade e intervenção — e discorrer sobre elas, elegendo a noção de intervenção como núcleo.

Abordagem é uma palavra que remete à ideia de aproximação, um movimento de chegar perto como que para tocar. O toque, por sua vez, descreve o momento em que a aproximação propriamente dita é superada, transformando-se qualitativamente em algo diverso. O que caracteriza esse acontecimento é o contato entre aquele ou aquilo que se aproxima e aquele ou aquilo que é meta da aproximação. Contato, também, é uma estrutura dinâmica, irredutível aos seus componentes elementares, dificilmente descritível e, por ser uma estrutura dinâmica, variável na composição, podendo ganhar formas o mais variadas, passíveis, porém, de avaliação qualitativa à luz de determinados critérios.

Uma forma de aproximação implica um método, um caminho. Esse método é respaldado por uma concepção de homem e consequência de uma teoria inspirada nela. O método é, então, a forma que a teoria ganha quando transformada em trabalho, um movimento de aproximação à meta deste ou, dito de outra maneira, ao material sobre o qual vai operar.

O *material* de trabalho do psicoterapeuta, no sentido mais amplo, é o fenômeno que a ele se apresenta, ou seja, o ser humano, o que equivale a dizer o ser histórico e social que o procura por algum motivo. É sempre a totalidade do homem, em sua historicidade e socialidade, que se expressa na presença do psicoterapeuta. O ponto de vista com base no qual ele será visto, diferentemente de outras disciplinas, é o psicológico. A definição do que vem a ser o psicológico nesse homem total delimita a lente, o instrumental e o objetivo que comporão a práxis do psicoterapeuta. No sentido mais estrito, o material de trabalho do psicoterapeuta é o que do cliente se manifesta em cada sessão psicoterapêutica, o que inclui todos os níveis de expressão possíveis, de fácil acesso à percepção ou não. É, a um só tempo, o manifesto, o aparente, passível de captação pelos sentidos, pelo sentimento, pela intuição, e o oculto, quer à percepção de um, quer à percepção de ambos. A finalidade do trabalho psicoterapêutico é o objetivo ao qual ele tende ou pretende atingir. Aquilo que ele promove na pessoa será uma medida de adequação do método à finalidade a que se propõe.

Héctor Juan Fiorini (1982) propõe uma classificação das psicoterapias em três grandes grupos, que tomam em consideração as operações do psicoterapeuta, o tipo de relação por ele proposto e os efeitos que tendem a produzir suas intervenções e atitudes.

No que respeita à sua finalidade ou objetivo, o autor delimita as psicoterapias da seguinte maneira:

- **Psicoterapia de apoio.** Tem por objetivo a atenuação ou supressão da ansiedade e de outros sintomas, a fim de retomar o equilíbrio homeostático anterior à crise. Pode ser estimulada a aquisição de novos comportamentos.
- **Psicoterapia de esclarecimento.** Incluem-se os objetivos já mencionados e acrescentam-se: desenvolvimento de uma atitude de auto-observação e de um modo de compreender dificuldades diverso do senso comum, mais próximo do nível das motivações e dos conflitos, o que resulta num universo de discurso mais complexo.
- **Psicanálise e interpretação transferencial nas psicoterapias.** O objetivo é a reestruturação o mais ampla possível da personalidade. Estratégia básica: desenvolvimento e elaboração sistemática da regressão transferencial.

É a finalidade de um trabalho que lhe empresta importantes condições para que se realize; estabelece um eixo ao longo do qual se deve desenrolar e imprime um sentido que norteia o seu desenvolvimento. A finalidade é o elemento estruturador por excelência do trabalho terapêutico.

O fenômeno que depende dessa estrutura e nela se apoia — a veia, o corpo pulsante, vivo, oficina e operário do trabalho — é a relação terapêutica. Uma relação terapêutica se estabelece. Ela se inaugura como intenção na proposição de procura pelo cliente, por um lado, e na disponibilidade profissional do psicoterapeuta, por outro. Instala-se realmente no momento em que se configura uma reciprocidade entre a procura de um e a aceitação de outro. O horário marcado para uma entrevista é o protocolo da inscrição, do embrião da relação. Com o tempo, a atitude, a conduta e o comportamento do psicoterapeuta vão delineando e caracterizando a forma que há de tomar a relação para que ela favoreça o desenrolar do trabalho rumo à finalidade que o estrutura.

Referindo-se ao tipo de vínculo estabelecido entre o psicoterapeuta e o cliente, Fiorini caracteriza a relação presente em cada uma das categorias de psicoterapias propostas. Segundo o autor, a psicoterapia de apoio compreende um vínculo terapêutico encorajador, protetor e orientador. Psicodinamicamente, facilita-se uma dissociação entre objetos bons e maus, com a consequente projeção no psicoterapeuta do objeto bom e a exclusão do objeto perseguidor (reforço da divalência). Isso requer que a relação interpessoal seja definida com clareza, para contornar ambiguidades. Devem ser evitados pelo psicoterapeuta os silêncios e o distanciamento afetivo, mediante uma atitude ativa, de diálogo. Decorre que o psicoterapeuta ocupa uma posição de superioridade, complementar à subordinação do cliente.

A psicoterapia de esclarecimento, por sua vez, facilita um vínculo em que se minimiza a dissociação entre objetos bons e perseguidores. São levados em conta os aspectos idealizados e hostis da *transferência*. O autor equipara a função do psicoterapeuta à de um docente especializado, em contraposição à noção de uma neutralidade promotora do interjogo transferencial. Tornam-se favorecidas as condições para a discriminação da pessoa real do psicoterapeuta, bem como para o fortalecimento de funções egoicas adaptativas.

Na psicanálise, diferentemente das demais modalidades psicoterapêuticas, a análise da transferência constitui, segundo o autor, o eixo da estratégia terapêutica. A ambiguidade espaço-temporal do *setting* contribui para o vínculo transferencial. Essa ambiguidade leva o cliente a projetar no analista objetos bons e perseguidores. A regressão e o afrouxamento das defesas são necessários, permitidos e úteis.

Nessas três grandes tendências, destacam-se, respectivamente, as relações orientadora, discriminadora e transferencial, e ao psicoterapeuta é dada a função de imprimir o caráter dessa relação. Ryad Simon (1972) encontra uma formulação útil e, a meu ver, complementar à de Fiorini, a qual classifica as variedades de psicoterapias existentes à luz de três dimensões fundamentais:

- a atividade do psicoterapeuta, que varia da diretiva à não diretiva. Ser diretivo significa intervir ativamente na condução da verbalização e influir nos valores e nas decisões do cliente;
- a comunicação envolvida, podendo desdobrar-se da interpretativa à não interpretativa. Interpretativas são as intervenções que incluem as fantasias, os desejos, as ansiedades e defesas inconscientes, referentes ao aqui e agora da relação terapêutica. Não interpretativas são as comunicações sugestivas ou impositivas. Entre um polo e outro, há um *continuum* ou degradê de possibilidades;
- o nível de consciência levado em conta como material de trabalho. Compreende desde os conteúdos psíquicos que por repressão não podem ser ou voltar a ser conscientes para o cliente, até os componentes anímicos atuais e claramente conscientes.

Segundo esses critérios, de acordo com o autor, as diversas correntes psicoterapêuticas caracterizam-se como suportivas, reeducativas e reconstrutivas. As psicoterapias de apoio tendem a envolver uma comunicação não interpretativa, uma atividade diretiva do psicoterapeuta, e trabalham exclusivamente no plano da consciência. As psicoterapias reeducativas envolveriam graus diversos de diretividade e de interoperatividade e trabalhariam todos os níveis de consciência, e cada abordagem privilegiaria mais ou menos cada uma dessas dimensões. As psicoterapias reconstrutivas compreendem uma comunicação marcadamente interpretativa; o psicoterapeuta não é diretivo e o trabalho atinge um material inconsciente profundo. A finalidade de cada uma dessas correntes define-se por termos muito semelhantes aos utilizados por Fiorini, sem que apareçam diferenças significativas.

Como se avaliaria o trabalho de Perls à luz dos critérios apresentados?

Conforme evidenciam os exemplos clínicos apresentados na segunda parte deste texto, a atividade do psicoterapeuta é acentuadamente não diretiva; sua comunicação com o cliente é principalmente não interpretativa; o trabalho incide sobre conteúdos inconscientes, embora recorra à consciência para esse fim. A finalidade do trabalho é uma reestruturação do ego no plano das defesas. Quanto ao vínculo, o trabalho de Perls costuma contribuir para que o cliente projete no psicoterapeuta o objeto bom, o que poderia levar a crer num reforço da divalência (da dissociação) objeto bom-objeto mau. No entanto, dado que a relação psicoterapeuta-cliente não é o plano em que se desenvolve o trabalho e levando-se em conta que o psicoterapeuta tem aí uma presença instrumental, como a externalização de uma dimensão do cliente (essencialmente firme, segura, sábia e, portanto, boa) e, ainda, considerando-se que o trabalho favorece o contato com objetos bons e maus internos, concluo que a dissociação entre objetos bons e perseguidores tende a ser reduzida.

Assim, o trabalho não guarda identidade nem grande semelhança com nenhuma das categorias propostas por Fiorini ou Simon. Limito-me, então, a descrevê-lo sem classificá-lo.

Mediante as suas intervenções, o psicoterapeuta cunha o caráter da relação terapêutica e dá solidez à sua abordagem. A intervenção é o veículo que manifesta a atitude, a conduta e o comportamento do psicoterapeuta. A atitude é um conjunto de crenças e valores que norteia o comportamento. O comportamento é a forma expressa que a ação do psicoterapeuta adquire, seja ela ouvir silenciosamente, seja verbalizar, tocar e assim por diante. A conduta se refere à coerência interna e à relação existente entre as várias manifestações comportamentais, bem como entre seu conjunto e a atitude que as sustenta. Desse modo, entendo que se devem considerar ao menos dois sentidos do termo intervenção: um mais abrangente, outro mais estrito.

No sentido mais abrangente, tudo aquilo presente na situação psicoterapêutica, além do cliente, traz as marcas da abordagem adotada pelo psicoterapeuta e, creio, da forma particular, única, como ele integra, compreende e aplica essa abordagem; por estarem ali presentes, são intervenções potenciais. O ambiente físico, os objetos e os móveis dispostos na sala de atendimento, a temperatura ambiente, o horário do dia, o percurso feito pelo cliente da entrada da clínica ao consultório, a figura do psicoterapeuta, suas roupas, suas características físicas e de personalidade, seu estado de ânimo naquele momento, sua maneira de se situar perante o cliente quanto à disposição espacial na sala, a possibilidade de mobilidade de ambos naquele ambiente, as falas do psicoterapeuta, seu tom de voz, o colorido emocional das suas falas — o conjunto, a articulação de todos esses elementos intervém.

Mais do que isso, a própria existência da psicoterapia na vida do cliente é uma intervenção, que é uma ação e uma operação. É um ato de trabalho que, por definição, sobrevém a algo. Nesse sentido mais abrangente e no que diz respeito à psicoterapia, incide sobre toda a vida do cliente. Portanto, essa intervenção ampla deve promover algo em algum momento. O simples fato de todos os elementos citados estarem presentes na situação terapêutica não constitui garantia de que estejam intervindo. Daí serem intervenções potenciais. Efetivam-se como intervenções de acordo com o momento em que a ressonância que encontram no cliente lhes imprime o caráter de ato e de trabalho, de movimento. Serão terapêuticas quando forem capazes de promover mudanças, engendrar novidades e favorecer a integração de aspectos até então alienados da personalidade do cliente.

No sentido estrito, a palavra intervenção será aqui entendida como o privilegiar de um único aspecto entre os mencionados como interventores em termos mais amplos: as falas do psicoterapeuta. O que comumente se chama de intervenção terapêutica é o que o psicoterapeuta verbaliza para o cliente.

Essa operação/ação particular incide sobre o material trazido pelo cliente, definido anteriormente. Aplicam-se aqui também as observações tecidas acerca do caráter terapêutico que podem ter as intervenções, desde que obedecidos os critérios citados. Além disso, parto do pressuposto de que uma fala do psicoterapeuta ao cliente inclui diversos níveis de ocorrência (assim como qualquer ato de comunicação verbal). No que diz respeito à fenomenologia dessa fala, ela é uma ação polivalente, pois:

- emite uma mensagem léxica e sintática, compreendendo cada palavra empregada na emissão, em sua função gramatical, e a estrutura das sentenças emitidas em termos de sua organização, podendo subordinarem-se ou coordenarem-se umas às outras;
- emite uma mensagem emocional, isto é, ao falar, o sujeito diz alguma coisa que não necessariamente se traduz pelas palavras que emite. Então, a organização sintática de palavras pode e deve estar a serviço de uma comunicação que se realiza apesar das palavras utilizadas, ou além delas;
- é um ato, um comportamento funcional, com o intento de fazer algo.

A título de exemplo, suponhamos que o psicoterapeuta diga: "Há algumas sessões você me contava que sentia tremores nas pernas todas as vezes que conversava com o seu avô". Essa fala pode transmitir, por exemplo, que o psicoterapeuta se lembra das coisas que o cliente diz, o que teria mais importância do que o fato relatado pelo cliente. Nisso estaria embutido um ato, como o de ironizar ou informar ou exibir-se ou outra coisa qualquer, passível de avaliação apenas se dado o contexto da fala. Outras valências do mesmo ato de comunicação seriam promover no cliente uma resposta ao que é:

- dito;
- dito além das palavras;
- feito.

Dando seguimento ao exemplo, o cliente poderia fazer reparos no que a memória do psicoterapeuta guardou (resposta à fala); irritar-se, mas sem saber exatamente a que atribuir o sentimento (resposta ao dito); sentir-se exigido pelo psicoterapeuta, ou vexado, digamos, caso receba a intervenção como um pito (resposta ao feito).

Some-se a isso a complexidade do estímulo, cujos três níveis vêm condensados num só acontecimento, bem como a complexidade da resposta do cliente, geralmente unitária na estrutura, ainda que confusa ou difícil de discriminar.

A intervenção verbal do psicoterapeuta consiste no recurso técnico primordial do seu trabalho. Ela concretiza (ou deveria concretizar) o método empregado por ele e tece passos (ou deveria tecê-los) rumo à finalidade do trabalho psicoterapêutico.

O experimento em Gestalt-terapia

Em 1942, Frederick Perls publica o livro *Ego, hunger and aggression*, que marca a transição da psicanálise ortodoxa ao que mais adiante seria conhecido como abordagem gestáltica em psicoterapia. Na ocasião, a abordagem ainda se rascunhava com o nome de terapia de concentração, termo que sinalizava a proposição metodológica de Perls e, de imediato, conforme ele próprio anuncia na introdução do livro, opunha a noção de concentração à de associação livre, oposição que, num primeiro momento, foi útil para diferenciar a Gestalt-terapia da matriz psicanalítica. A pertinência desse antagonismo, nos dias de hoje, é um interessante objeto de reflexão.

Na terceira parte do livro, Perls fornece pistas para a aquisição de um novo hábito metodológico, que viria a ser a técnica que proporia. Ele discute a noção de concentração procurando discriminá-la do sentido a ela atribuído pelo senso comum. Começa por estabelecer a relação entre *interesse*, que significa estar numa situação e, portanto, é um estado, uma presença, *concentração*, ou seja, adentrar o centro, o núcleo, a essência de uma situação — constituindo, portanto, um ato que vitaliza a presença e insere o sujeito numa relação com a situação —, e *atenção*, significando que uma tensão se dirige a um objeto e sustenta a relação vitalizada. Os três termos são diferentes expressões do fenômeno de formação figura/fundo. Há um nível ótimo de perseveração de uma figura, de um ponto zero, de uma força e de uma estabilidade normais; os desvios caracterizariam disfunções. (Desse modo, a figura rígida sugere obsessões, ideias fixas, perversões etc.; a figura demasiadamente instável, fraca, mal estruturada sugere neurastenia, psicose e assim por diante.)

Percebe-se claramente que Perls lança as bases do raciocínio orientado pela noção de *awareness*, mas ainda não utiliza o termo. Em vez dele, fala em consciência, palavra ainda inserida no corpo conceitual psicanalítico. *Awareness* é a capacidade de perceber, ter presente, dar-se conta de algo, interno ou externo, por ser acessível aos *sentidos*, podendo excitar o aparato sensorial da pessoa, como que para provocar uma resposta de contato ou evasão, de aproximação ou fuga etc., sem implicar necessariamente a emissão da resposta. Refere-se à excitabilidade e à expansividade do aparato sensorial. Também não envolve obrigatoriamente, embora possa fazê-lo, uma consciência do processo presente. É pré-reflexiva. Por exemplo, a pessoa para de comer por estar *aware* de que já se satisfez; procura alimentar-se no momento em que sente fome. Pura e simplesmente se comporta dessa maneira, conforme as pistas que o organismo lhe dá, sem que em regra tenha refletido a esse respeito.

Perls quer estabelecer uma diferenciação entre o que se chama popularmente de concentração e o sentido que pretende atribuir à nova noção. Considera positiva e correta, do ponto de vista biológico, a concentração cujas bases se encontram em harmoniosa colaboração entre o ego e o inconsciente. Acha artificial e negativa a concentração como função exclusiva do ego, pois se traduz por um esforço deliberado, envolve contrações musculares, irritabilidade e tensão, que podem levar a fadiga e crises nervosas. Também considera negativa a concentração como função exclusiva do inconsciente, como nas fixações. Ambas bloqueiam o processo espontâneo e natural de atração do interesse por uma figura que tende a formar-se. Desse modo, a criança estaria muito mais perto da vivência de uma concentração sadia, em razão da naturalidade com que se volta, fascinada, para o seu objeto de interesse. O objeto ocupa o primeiro plano da percepção sem esforço; os diversos aspectos da personalidade encontram-se coordenados e afinados com um mesmo propósito. A finalidade da psicoterapia é promover essa atitude natural de fascínio para com as figuras emergentes. A neurose, consequentemente, é a evitação responsável pela interrupção do processo espontâneo de desenvolvimento.

Em 1951, Perls escreve a obra essencial da Gestalt-terapia com Ralph Hefferline e Paul Goodman, *Gestalt therapy – Excitement and growth in the human personality*. Nela, os fundamentos da abordagem, amadurecidos, ganham expressão mais clara e precisa. Aí se delineiam pistas explícitas sobre como funciona a ajuda ao cliente. Perls acreditava que toda abordagem não dogmática baseia-se no método natural de tentativa e erro. Assim, segundo os autores, a situação clínica torna-se uma situação experimental. A ideia que defendem é a de evitar assinalamentos diagnósticos, ou comandos, ao cliente — tais como "relaxe!", "não censure!", "você está resistindo!" —, pois intensificariam suas dificuldades e acirrariam suas defesas, além de o tornarem ainda mais neurótico e mesmo desesperado. Em lugar disso, propõem experimentos gradativos, os quais, explicam, "não são *tarefas* que devem ser cumpridas como tais"; a tarefa é um pretexto. Importa focalizar com precisão o que impede a realização da tarefa, abordando-se os *a*.

Perls não atribui à palavra experimento o mesmo significado que a psicologia experimental prega (situação laboratorial controlada de modo que impeça que conteúdos subjetivos do investigador participem do ato de conhecimento). O experimento gestáltico é uma oportunidade favorecida na situação psicoterapêutica, conduzida pelo psicoterapeuta, na qual o cliente experiencia algo, tornando-se, a um só tempo, sujeito e objeto da investigação. O papel do psicoterapeuta seria o de um catalisador, isto é, um facilitador, um iniciador, para que uma reação se efetue. Ele não participa do composto; é apenas um desencadeador. Ao longo do trabalho vivencial, fica de prontidão para, a cada passo, assegurar a continuidade do fluxo reacional do cliente.

A questão que se coloca é como se estrutura a situação psicoterapêutica e em que consiste o experimento. Perls, Hefferline e Goodman (1951) propõem como estrutura da entrevista a seguinte sequência de eventos:

- O paciente, como parceiro ativo no experimento, concentra-se no que está realmente sentindo, pensando, fazendo, dizendo; procura entrar em contato com isso mais profundamente quanto a imagem, sensação corporal, resposta motora, descrição verbal etc.
- Trata-se de algo de interesse vital para ele, de modo que não precisa forçar a situação; sua atenção é captada naturalmente. O contexto pode ser escolhido pelo terapeuta de acordo com o que ele conhece do paciente e em conformidade com sua concepção científica de onde se situa a resistência.

Trata-se de algo de que o paciente está vagamente consciente (*aware of*) e vai se tornando mais consciente (*aware of*) graças ao exercício.

- Fazendo o exercício, o paciente é encorajado a seguir suas inclinações, a imaginar e exagerar livremente, pois é um jogo seguro. Justapõe a atitude e a atitude exagerada à sua situação presente: sua atitude em relação a si próprio, em relação ao terapeuta, seu comportamento cotidiano (na família, no trabalho, no sexo).
- Alternadamente, ele inibe com exagero a atitude e justapõe a inibição nos mesmos contextos.

- À medida que o contato se torna mais íntimo e o conteúdo, mais completo, sua ansiedade desperta. Isso constitui uma emergência vivencial, porém segura, controlável, e ambos os parceiros sabem disso.
- O objetivo é que, na emergência segura, a intenção subjacente (reprimida) — ação, atitude, objeto do dia presente, memória — torne-se dominante e reforme a figura.
- O paciente aceita a figura como sua e percebe que "sou eu quem sente, pensa e faz isso". (p. 335-336)

A título de explicitação, os autores afirmam que a situação terapêutica está na expectativa de ansiedade a novidade dessa situação terapêutica está na expectativa de ansiedade, não como subproduto inevitável, mas como uma vantagem funcional, o que se torna possível porque o interesse do paciente permanece fundamental do começo ao fim.

> Reconhecida a emergência, ele não se esquiva nem se paralisa. Pelo contrário, mostra-se corajoso, disponível, cauteloso e percebe qual comportamento se torna dominante. É ele quem está criando a emergência; não há nada externo que o oprima. E a tolerância da ansiedade é o mesmo que a formação de uma nova figura.
>
> [...] Mas o importante é o paciente sentir o comportamento usado em situação de emergência e, ao mesmo tempo, sentir que está seguro, porque é capaz de lidar com a situação. Isso significa elevar a emergência de baixo grau crônico *[tônus médio, atividade morosa e estável]* ao nível de uma emergência de alto grau de segurança, acompanhada de ansiedade e, ainda assim, passível de controle pelo paciente ativo. Os problemas técnicos são: a) aumentar a tensão com a conduta correta e b) manter a situação controlável, ainda que não controlada: sentida como segura, porque o paciente encontra-se num estágio adequado para criar o ajustamento necessário, e não afastá-lo.
>
> O método fundamenta-se em empregar cada parte em funcionamento como funcional, para se separar ou se abstrair da parte não funcional na situação presente. Trata-se de encontrar o contexto e o experimento que ativarão a todos, conforme solicitar a ocasião. Os elementos atuantes são: a autorregulação do paciente, o conhecimento do terapeuta, a ansiedade livre e (não menos importante) a disponibilidade e a criatividade de cada pessoa. (p. 336-337)

Joel Latner (1974) explica que a psicoterapia é uma emergência segura, uma vez que se estrutura em torno do interesse do cliente. É segura, também, porque não é a vida real, o que faz da situação psicoterapêutica um laboratório protegido, e não uma cópia exata da vida. Além disso, o evento experienciado pode ser interrompido; o cliente não é obrigado a encarar a situação como o faria na vida real. Tudo que se passa na situação psicoterapêutica encontra-se dentro dos limites do possível para ele. Ao mesmo tempo, a vivência é suficientemente real e desafiadora para que os conflitos presentes naquele momento da vida se façam representar ali, verdadeiramente. Na Gestalt-terapia, o experimento, ressalta Latner, ocupa a mesma centralidade metodológica que tem a interpretação na psicanálise, ou a análise de sonhos, na concepção junguiana. Ademais, não se resume a um conjunto de técnicas por aplicar. Cada experimento é uma oportunidade nova, um evento novo, não só para o cliente como também para o psicoterapeuta. O objetivo do experimento, segundo o autor, é possibilitar ao cliente a substituição do seu habitual controle e deliberação por excitação e contato, a fim de contribuir para a aquisição de algo novo.

Joseph Zinker (1977) é criterioso na definição dos objetivos de um experimento. De modo geral, o autor acredita que um experimento é criativo e eficaz quando permite um salto qualitativo da pessoa na direção de uma nova expressão. Quando não, deveria ao menos levar a pessoa a aproximar-se do ponto em que o seu desenvolvimento se estancou. O trabalho psicoterapêutico, em longo prazo, resultaria numa ampliação do campo de *awareness*, desenvolveria a autocompreensão, favoreceria a expansão da liberdade da pessoa para agir em seu ambiente e ampliaria o repertório de comportamentos, capacitando a pessoa a lidar com situações de vida variadas. Destaca como objetivos específicos de um experimento:

- expandir o repertório de comportamentos da pessoa;
- criar condições nas quais a pessoa possa ver sua vida como sua e de mais ninguém (tomar posse da terapia);
- estimular a aprendizagem experiencial da pessoa, bem como a evolução de novos autoconceitos a partir de criações comportamentais;
- completar situações inacabadas e superar bloqueios no ciclo *awareness*-excitação-contato;
- integrar compreensões corticais e expressões motoras;
- descobrir polarizações desconhecidas (*not in awareness*);
- estimular a integração de forças conflitivas na personalidade;

- remover e reintegrar introjetos e rearranjar sentimentos, ideias e ações mal situadas na personalidade;
- estimular circunstâncias nas quais a pessoa possa agir e sentir-se mais forte, mais competente, com um melhor autossuporte, podendo explorar mais e ser mais responsável consigo mesma. (p. 126)

O ciclo *awareness*-excitação-contato é uma formulação descritiva que o autor faz dos passos e das fases evolutivas no processo de tomada de contato; os bloqueios são interrupções que se interpõem a cada fase e constituem os mecanismos disfuncionais na experiência de contato.

Os pontos de vista dos autores apresentados até aqui me parecem complementares e harmônicos, ora enfatizando um aspecto da proposição experimental em Gestalt-terapia, ora outro. Pode-se argumentar que o que os autores propõem como objetivos ou finalidades dos experimentos, ou seja, o que buscam promover no cliente, guarda identidade ou semelhança com as metas almejadas por diversas outras abordagens psicoterapêuticas. De fato, a novidade do experimento não está tanto nas suas finalidades, mas na forma como são empreendidas. A novidade está no método, o qual requer, entre outras coisas, uma compreensão particular dos papéis do psicoterapeuta e do cliente no trabalho psicoterapêutico.

Uma das grandes dificuldades na produção desta obra foi a escolha de critérios e categorias de análise úteis para o exame e a descrição da condução de experimentos com sonhos. Consultando a bibliografia disponível, encontrei no citado livro de Zinker a criteriosa descrição de aspectos de um episódio psicoterapêutico envolvendo um experimento. A terminologia, a abrangência e a organização do seu texto ofereceram-me alguns dos elementos que eu necessitava. Restava-me ponderar sobre uma questão: o trabalho de um profissional pode ser visto através das lentes da experiência de outro? A esse respeito, observo que Zinker nada mais faz do que compreender e descrever a experiência gestáltica de forma sistemática e didática. As noções que o norteiam são oriundas das proposições fundamentais — técnicas e atitudinais — da abordagem gestáltica, representando-as muito bem, com a vantagem de transcreverem o pensamento mais elaborado e amadurecido de um psicoterapeuta pós-Perls. Os aspectos de um experimento descrito por Zinker são bastante genéricos e abrangentes para orientar o exame e a análise de um experimento qualquer, não importando qual profissional o conduz.

Somei à sistematização de Zinker outras categorias sugeridas pelo próprio material de análise, e dele tomei emprestado o subtítulo deste capítulo.

A EVOLUÇÃO DE UM EXPERIMENTO

Um experimento é um ato criativo, uma peça única, irrepetível. Nasce da particularidade individual do cliente e evolui segundo os desígnios da intuição e da técnica do condutor. É um trabalho a quatro mãos, guardadas as especificidades do papel de cada um. *O* experimento, porém, é razoavelmente genérico e universal, quando fiel a uma proposição metodológica. Os itens descritos a seguir são uma tentativa de captar os aspectos universais e genéricos do experimento. Os esforços didáticos têm a grande desvantagem de artificializar o fenômeno ao decompô-lo nos elementos constituintes, mas ajudam a compreender os mecanismos utilizados em sua composição. É útil imaginar que cada item a seguir represente um ângulo de visão diferente, com base no qual se pode examinar um experimento. Não são etapas rigidamente estruturadas em sequência, mas qualidades do trabalho inteiro, que podem ser verificadas a qualquer instante, pois costumam se sobrepor.

Identificação e preparo do terreno

Zinker compara a fase anterior ao experimento com o preparo da terra para o plantio, bem como com a identificação do tipo de terra disponível para o cultivo.

As exposições iniciais do cliente numa sessão psicoterapêutica indicam em que condições ele se encontra, o que tem em mente, o que está sentindo e assim por diante. A escuta atenta e adequada permite uma espécie de tomada inicial de diagnóstico, para identificar as queixas e os temas presentes no discurso espontâneo do cliente. Qualquer interrupção imposta pelo psicoterapeuta pode atender a uma necessidade deste e não estar em sintonia com as necessidades e o interesse do cliente. Um experimento que parta de um desejo alheio ao cliente tem pouca ou nenhuma relevância para ele, desenvolvendo-se sobre bases pouco sólidas e resultando em desenlaces precários. O cliente não é uma cobaia das experimentações do psicoterapeuta.

A comunicação livre e fluente do cliente depende do acolhimento do ouvinte. É necessário que se estabeleça um bom relacionamento para gerar um terreno próprio para a elaboração do experimento. Inexistindo essa relação, até o experimento mais impressionante aos olhos do observador será inócuo e infrutífero para o cliente. Talvez ele se envolva e aparentemente se beneficie da experiência, mas o significado do trabalho pode lhe passar despercebido ou ainda impossível de assimilar. Nessas condições, o experimento é um fim em si mesmo, estéril e ineficaz. Seria como plantar uma muda de uma árvore linda num vaso pequenino: num primeiro momento, a planta sobrevive, mas em seguida vai perdendo o viço e perece.

Um solo bem preparado precisa da disposição e do comprometimento do lavrador. O psicoterapeuta deve gostar do seu ofício e empreendê-lo com devoção, o que requer um vínculo firme com o trabalho e uma atitude responsável e respeitosa para com o outro. Tal atitude, de admiração por outro ser humano, certamente suscita o surgimento de depoimentos sinceros e representativos do momento existencial em que o cliente se encontra.

Consenso

Consenso é uma espécie de negociação que se faz com o cliente, verificando sua disponibilidade para participar. O psicoterapeuta propõe o experimento; o cliente o recusa ou concorda com ele.

A maneira como acontece o consenso depende do estilo particular do profissional. Quando há um bom relacionamento com o cliente, não é necessário solicitar a concordância deste a cada momento.

A ideia de consenso pode insinuar que se faça um contrato com o cliente a cada passo, como se toda a relação fosse muito formal. Certamente não se trata disso, embora em circunstâncias especiais seja necessário um cuidado maior. A capacidade, as limitações, a concordância ou a discordância do cliente se manifestam na reação dele à proposta do psicoterapeuta. O cliente tem o direito de recusar-se a experimentar comportamentos que não lhe pareçam seguros ou cômodos na situação.

Gradação

Gradação é o ajuste do grau de dificuldade da tarefa às possibilidades do cliente, o que significa que o psicoterapeuta pode aumentar ou diminuir a complexidade dele, tornando-a mais desafiadora ou mais conveniente para o cliente. Ele objetiva maximizar condições para que o cliente seja bem-sucedido em seu empenho. Note-se que não se trata da dificuldade ou complexidade da tarefa em si, mas muito mais das dificuldades psicológicas do cliente de levá-la adiante. Cabe ao psicoterapeuta, portanto, aperceber-se das reações do cliente às suas proposições, identificar se existe dificuldade ou se, ao contrário, a proposta mostra-se demasiado simples e pobre, para, com base nesses indicadores, dosar o experimento adequadamente.

A título de exemplo, um cliente acha embaraçosa uma tarefa que implica um movimento corporal. O psicoterapeuta pode optar por trabalhar o conteúdo da resistência, caso isso lhe pareça apropriado, ou fazer uma gradação. Assim, ele solicitaria ao cliente que expressasse verbalmente ou num desenho, digamos, o mesmo que se expressaria por um movimento corporal. O psicoterapeuta pode, ainda, restringir a abrangência da tarefa inicial a um movimento das mãos, uma expressão facial ou algo parecido.

Awareness

As percepções sensoriais do cliente são a condição para a *awareness*. Somadas aos elementos captados pelas observações do psicoterapeuta, formam os blocos para a composição do experimento. Assim, descreve-se um ciclo em que, de acordo com as sensações percebidas, o cliente pode dar-se conta do que se passa consigo. Essa personificação em geral se acompanha de uma ampla gama de informações captadas sensorialmente. Caso não esteja imerso em parâmetros que direcionem a sua atenção e a sua percepção para fora de si, isto é, caso esteja livre para o contato consigo mesmo, com seus sentimentos e suas sensações, o cliente pode tomar ciência de si pela autopercepção. A tarefa do psicoterapeuta é observar o cliente com especial atenção para localizar desarmonias entre o discurso verbal e as expressões corporais dele, pois essas informações indicam o nível de *awareness* do cliente, sugerindo qual direção o experimento pode tomar.

A importância da *awareness* para o experimento está em que o procedimento do psicoterapeuta deve basear-se num diagnóstico do estado do cliente, o que requer uma avaliação da *awareness* disponível, com vistas a ampliá-la ou, utilizando o linguajar de Zinker quanto aos objetivos do experimento, superar bloqueios no ciclo *awareness*-excitação-contato.

O cliente pode dizer que se sente aberto para viver qualquer experiência, mas com uma postura fechada, pernas e braços cruzados ou algo assim. A mensagem confusa que o psicoterapeuta recebe deve ser análoga a uma confusão interna da pessoa. Há uma dissociação entre o anúncio verbal e o estado subjetivo vivenciado. O experimento contribui para o contato do cliente com o gesto, em busca do seu significado e de maior harmonização entre a experiência vivida e as referências a ela.

Energia

Para localizar a energia do cliente, força motriz necessária para a realização do trabalho, observa-se a forma do movimento, a respiração, a cor da pele, a postura, o brilho nos olhos. Aquilo que estiver vitalizado será importante fonte de autossuporte. É imprescindível que a fonte de energia para a realização do experimento seja do cliente. Quando o experimento se sustenta na energia do psicoterapeuta, o cliente tende a arrastar-se com dificuldade.

Zinker define energia como uma carga genérica que emana da superfície da pessoa. Desse modo, a energia emanada por um depressivo é de nível baixo. Mais especificamente, a energia pode aparecer como excitação, indiferença, desvitalização de um local do corpo, tremor etc. O aspecto da vida da pessoa que requer um trabalho psicoterapêutico é precisamente aquela na qual foi investida uma grande carga energética ou aquela na qual falta a aplicação dessa energia.

Foco

O foco da sessão psicoterapêutica não é exatamente o que emerge como alto-relevo no discurso ou no comportamento do cliente. Nem é o tema da sessão ou a cadeia temática que poderia fluir com o desenrolar do encontro. O foco é concomitante a uma temática, mas não se confunde com ela. Trata-se mais do processo de ao mesmo tempo colocar a *awareness* do cliente a serviço da temática e dirigir a atenção do psicoterapeuta no mesmo sentido.

A finalidade da sessão psicoterapêutica pode ser a tentativa de superar um bloqueio. O experimento seria a tarefa empreendida para esse fim; o foco, a operação conjunta do psicoterapeuta e do cliente, o envolvimento e o comprometimento de ambos com a tarefa e o comportamento condizente com ela. A energia de ambos é *empregada* na consecução da tarefa com vistas à finalização desejada. Essa definição tem implicações, a saber: o experimento deve ser uma atividade dirigida; o psicoterapeuta é o guardião do foco; de nada adianta ele imprimir direção à tarefa sem considerar o cliente e quão significativa a atividade está sendo para ele. Portanto, a conduta é localizar a energia do cliente e focalizar o trabalho nessa área. Embora presente o tempo todo, o foco é móvel, pois vai rastreando o caminho da experiência do cliente. Sem o foco, o trabalho ficaria disperso, reduzindo a possibilidade de uma vivência assimiladora.

Construção de autossuporte

São medidas que o psicoterapeuta e o cliente tomam antes de iniciar o experimento ou mesmo durante a sua realização, com o propósito de maximizar as condições de sucesso e otimizar a feitura do trabalho. Ambos estarão alicerçados em bases próprias caso encontrem condições corporais e ambientais de organização capazes de sustentá-los para o desempenho das suas funções. A fim de ilustrar o que isso significa, Zinker faz uma analogia com outras profissões: o pianista que ajeita o banco antes de iniciar o concerto; o pedreiro que se posiciona estrategicamente diante do cimento e dos tijolos, assegurando um ritmo de trabalho mais produtivo.

Para trabalhar do modo esperado, o psicoterapeuta identifica quais recursos ambientais podem facilitar o seu desempenho, que posição relativa ao cliente lhe é mais confortável, como está respirando, se consegue ouvir bem o que lhe dizem e assim por diante. Analogamente, cabe ao terapeuta ajudar o cliente a construir o seu autossuporte para viabilizar o trabalho de concentração.

Tema

Recorro à definição de Zinker (1977, p. 140):

> Enquanto o foco define o processo e a direção de uma sessão de psicoterapia, o tema tem relação com o conteúdo dela. Submete-se ao terapeuta uma gama de conteúdos variados que ele deve refinar, condensar, resumir, nomear, unificar. A essência da preocupação do cliente chama-se tema. Como ocorre com a focalização, o tema de um experimento não permanece estático. Os temas são entrelaçados uns aos outros de modo que se crie um rico tecido experiencial em dada situação *[existencial]*. Os temas podem existir em quantidade e dimensões diferentes, tanto na sessão psicoterapêutica quanto na vida da pessoa. Podemos voltar diversas vezes a cada tema, mas abordando-o em graus de sofisticação variados.

Zinker refere-se a níveis de profundidade diferentes, a cada oportunidade em que se trabalha um tema. Além disso, considere-se que a cada oportunidade em que emerge um tema ele se encontra ligado a uma situação ou um contexto particular, podendo, portanto, ser examinado de diversos ângulos. O experimento, para ser eficaz, deve explorar o tema, examinar as suas peculiaridades e levá-lo a uma possível solução.

> Ao final, tendo lavrado o solo de uma parte da sua vida, o cliente deveria ser capaz de expressar como a compreende de um jeito novo. Pode, então, dedicar-se a explorar mais a fundo a articulação dessa experiência particular com o restante da sua experiência existencial. (idem)

Depreende-se desses entendimentos que o experimento deve contar com um espaço para que o cliente processe o tema. Talvez ele tenha condições de perceber uma rearticulação do conteúdo temático, isto é, identificar que sua compreensão progrediu e quais progressos foram esses.

Escolha do experimento

O ponto de partida da escolha do experimento deveria ser necessariamente a fala inicial do cliente, suas primeiras expressões verbais, sonoras, silenciosas, posturais, gestuais etc. Se o psicoterapeuta propõe um experimento antecipando-se a ele, prefiro classificar essa atividade como *exercício* (ver exemplo no Apêndice). Cabe ao psicoterapeuta eleger uma modalidade de experimento. O cliente precisa estar desobrigado dessa ocupação para poder responsabilizar-se apenas pelo fluxo de *awareness*. A atividade do psicoterapeuta é também pautada pela sua *awareness*, mas precisa apoiar-se concomitantemente na sua consciência e nas habilidades de escolha do ego, pois seu labor não é apenas um artesanato: é também uma arquitetura.

Utilizando-se de recursos plásticos, gráficos, dramáticos ou simplesmente dialogando com o cliente, o psicoterapeuta pode recorrer a inúmeras modalidades de experimento, conforme a situação permita, peça ou imponha, de acordo com o seu estilo particular, suas habilidades mais disponíveis e fluentes e em conformidade com as necessidades, as limitações e os recursos do cliente.

Insight e conclusão

O experimento se completa quando o cliente manifesta alguma compreensão nova suscitada pela experiência vivida. Zinker acredita que não cabe ao psicoterapeuta intervir na compreensão do cliente, a qual talvez pareça modesta perante a riqueza da experiência, mas não se pode esperar um processo instantâneo de assimilação. É preciso dar tempo ao tempo para que o cliente assimile aos poucos a sua familiaridade com as novas descobertas. Algo que rapidamente se revela à percepção do psicoterapeuta pode vir a constituir um novo *insight* para o cliente ao longo de um período dilatado.

Sonhos: função, conteúdo e terapia

Não se encontra discussão alguma na bibliografia sobre a concepção gestáltica dos sonhos. Há, no entanto, um posicionamento — e os diversos autores, inspirados em Perls, formulam-no com termos bastante semelhantes — sobre o papel que os sonhos desempenham na vida da pessoa, seu conteúdo e o tipo de trabalho terapêutico que requerem.

Em 1969, um ano antes da sua morte, Perls (1974) classifica a Gestalt-terapia de abordagem existencial, pois não se limita a lidar com sintomas e estruturas de caráter; ocupa-se, em lugar disso, com a existência total da pessoa, cujos fenômenos são indicados com clareza em sonhos. Segundo o autor, o sonho é a criação mais espontânea do ser humano, pois se dá a conhecer sem a intervenção da intenção, do desejo ou de escolha deliberada. O sonho simplesmente surge. Cada um dos seus elementos, das suas partes, personagens, seria uma criação do sonhador. Mesmo considerando a contribuição da memória e da realidade, ainda assim teríamos de indagar a que se deve a seleção de determinados conteúdos e não de outros.

O que se depreende da concepção de Perls é que haveria uma espécie de autonomia e independência do sonho em relação ao sonhador. Assim, quem sonha seria um mero receptador da produção onírica, sem interferir ou decidir sobre ela. Esse ponto de vista poderia, talvez, pressupor o inconsciente ou a atividade inconsciente ou mesmo um sujeito inconsciente emissor da mensagem existencial em questão. Ao mesmo tempo, contudo, Perls (1973) atribui ao sonhador a criação das situações do sonho, destacando a participação de uma função — egoica, entendo —, a de selecionar os elementos que participarão do sonho. Em nenhuma passagem da bibliografia psicológica se encontra qualquer ampliação dessa ideia, nem uma argumentação a respeito de como se processa a seleção dos elementos que participam do sonho. A apreciação do autor considera, também, a contribuição da memória, isto é, do registro mnemônico e perceptivo do sonhador, funções igualmente egoicas. Ele nada comenta, tal qual os demais autores, acerca da origem das outras peças, nem sobre o modo de composição das partes num todo.

No mesmo texto, Perls contrapõe sua visão dos sonhos à de Freud: enquanto o fundador da psicanálise considerava o sonho a via régia para o inconsciente, Perls o tomava como o caminho real para a integração e acrescentava não saber o que é o inconsciente. Claro me parece que Freud não estaria sugerindo que a função do sonho seria a mera visitação especulativa ao inconsciente. Sem querer abusar de uma metáfora, o sonho é a forma particular do inconsciente de visitar a consciência. O trabalho psicoterapêutico interpretativo com o sonho estaria, é claro, a serviço de decodificar o motivo ou desejo latente em linguagem passível de assimilação pela consciência. Não creio que Perls pudesse conceber, por sua vez, que a mera ocorrência de um sonho viesse a assegurar a integração do conteúdo inconsciente sem que sobre ele incidisse algum tipo de pesquisa, operação ou exploração.

A oposição, portanto, é descabida. O que está para ser integrado é precisamente o material inconsciente. Aliás, que Perls não saiba o que é o inconsciente apenas corrobora a própria noção do inconsciente. Cabe ressaltar que Perls foi psicanalisado por diversos analistas e orientado por Ernest Jones a estabelecer-se como analista didata na África do Sul, onde criou, em 1935, o Instituto Sul-Africano de Psicanálise, conforme comenta Therese Tellegen (1984).

Considero autêntica e louvável a tentativa de rompimento com a psicanálise e seus pressupostos teóricos, em especial se levada em conta a imensa contribuição de Perls para o repertório metodológico das psicoterapias. Que uma autonomia metodológica custe o preço de um desabono, de uma desqualificação, porém, parece-me um recurso infeliz, compreensível somente se visto no contexto idiossincrático da história do autor. Uma negação, no sentido filosófico do termo, ou seja, de absorver e ir além, seria mais coerente com uma proposta integradora.

A tentativa de Perls é abordar os fenômenos psicológicos e, no caso, o sonho, *prescindindo* de uma formulação e de uma conceituação teórica capazes de descrever ou envolver uma compreensão da estrutura e da dinâmica do psiquismo humano. O dado psicológico, então, seria um dado imediato da consciência, não importando a sua origem e inserção num quadro teórico de referência. No entanto, visto que um comentário generalizador nada mais é que uma tentativa de teorização e considerando-se que mesmo a atitude fenomenológica requer apenas a suspensão — não a desconsideração — de compreensões teóricas anteriormente concebidas, seria correta a exigência de um maior rigor no tratamento do fenômeno psíquico, sobretudo quando a serviço da ciência e do conhecimento. Uma abordagem existencial, como quer Perls, não está isenta da necessidade de teorização. Ele dedica-se a desenvolver um método e algumas técnicas para o trabalho psicoterapêutico com o sonho, que encara como um dado.

Perls (1974) orienta-se pelo entendimento de que as diferentes partes do sonho são fragmentos da personalidade do sonhador. Para tornar-se uma pessoa unificada, inteira e sem conflitos, seria necessária a reapropriação dos fragmentos projetados, bem como do potencial oculto neles. Acredita que a energia contida em cada elemento projetado está à disposição, porém em forma de projeção, e não de recurso da consciência. Pressupõe que tudo que se percebe em outra pessoa ou no mundo nada mais é do que uma projeção. Considera que teria havido um momento de unificação e inteireza inicial, seguido de um processo de dissociação, alienação e rejeição, requerendo nova apropriação. Além disso, Perls atribui a dissociação à atitude fóbica e à evitação da *awareness*, um conceito associado aos sentidos. A reapropriação dos sentidos, entendida como intensificação da *awareness*, é um requisito da compreensão das projeções. Deduz-se que, concomitantemente ao processo de dissociação de partes da personalidade, ocorre uma dessensibilização, um embotamento ou outra forma de bloqueio, distorção ou disfunção dos sentidos. Sanadas essas dificuldades, a tendência seria a ampliação da *awareness* e a simultânea retomada do processo perceptivo sensorial saudável, o que reduziria a dissociação, a projeção, e favoreceria a reintegração das frações alienadas da personalidade.

Embora a linguagem de Perls evite terminologias oriundas da psicodinâmica, é inevitável o paralelo insinuado por ela com os níveis psíquicos postulados pela psicologia analítica. Carl Jung (1986a) propõe a distinção de três níveis psíquicos: a consciência, o inconsciente pessoal e o inconsciente coletivo.

A consciência é uma diferenciação do *self* e tem um centro: o ego. Pode ser entendida como uma decorrência da experiência, a experiência gnoseógena, que resulta em recursos independentes do inconsciente, do outro, do mundo.

O inconsciente pessoal abrange um amplo universo de conteúdos: os que caíram no esquecimento por perderem a intensidade; os que foram reprimidos por incompatibilidade; as percepções sensoriais que de alguma maneira penetraram na consciência, mas não permaneceram nela devido à sua fraca intensidade. Os últimos são os que permaneceriam caso a pessoa tivesse um fluxo de *awareness* preservado. É o que Perls quer favorecer. Ele acredita que o fluxo de *awareness*, por si só, consegue ser a melhor forma possível de capacitação do cliente, e dele decorreria uma maior absorção dos conteúdos do inconsciente pessoal pela consciência ou se reduziriam repressões desnecessárias. Perls utiliza-se de termos como *rejeitar* e *jogar fora* para se referir aos traços de personalidade qualificados de sombrios no linguajar analítico — aqueles dos quais a consciência se retirou por serem incompatíveis com os hábitos e os valores norteadores da consciência ou por representarem ameaça ao processo adaptativo. O potencial oculto de que ele fala assemelha-se ao tesouro oculto na sombra, sobre o qual os estudiosos da psicologia arquetípica discorrem. Em Polster e Polster (2001) e em Smith (1976) encontram-se breves considerações a respeito da influência de Jung na Gestalt-terapia.

O inconsciente coletivo, herança imemorial de possibilidades de representação comuns a toda a humanidade, não recebe especial menção de Perls. Entretanto, o conjunto da sua obra indica que o inconsciente coletivo provavelmente se norteia por entendimentos de caráter universal, princípios, como o âmbito do masculino e do feminino, sem dar a eles um enfoque privilegiado.

Perls fala de um *pressuposto impossível*, o de que tudo aquilo que acreditamos ver em outra pessoa ou no mundo não passa de projeção. A suposição não me parece absurda. É pela projeção e, muitas vezes, graças a ela que se descortina um universo maravilhoso de vivências, aprendizado e ampliações da experiência. Erich Neumann (1991) afirma que o arquétipo tem dois pés: um no interior da personalidade, como disposição inata a ser ativada, e outro na realidade externa. Um arquétipo só se constela quando encontra na experiência vivida a oportunidade certa para ativar-se. Essa é uma das maneiras de a projeção poder e dever ser um mecanismo saudável. Ela será um mecanismo patológico quando perpetuar a dissociação de um conteúdo da consciência. Heinrich Racker (1986, p. 23), em seus estudos sobre a técnica psicanalítica, diz que a captação do inconsciente do paciente processa-se pelo inconsciente do próprio analista, pois "só o igual pode reconhecer o igual, isto é, só se pode conhecer no outro o que é próprio de nós mesmos".

Com outro enfoque, Monique Augras (1981, p. 56) argumenta:

> Integrar a duplicidade *[de]* ser idêntico e *[de ser]* outro torna-se o problema central do indivíduo à procura da sua verdade. Muitas perturbações individuais que se situam principalmente no plano do relacionamento poderiam ser entendidas como dificuldades de relacionar-se com a própria alteridade.

A duplicidade do ser: eis a magia e o desafio da vida. Sou e sou o vir a ser, que se impõe a mim como alteridade. Sou outro. O outro é aquilo que de mim ainda não se fez eu, ainda não foi reconhecido. A cada outro com quem me encontro corresponde um outro interno, inconsciente, com quem hei de me encontrar. É esse o percurso natural, quase inevitável, do existir. O trabalho psicoterapêutico com as projeções pode contribuir para o reconhecimento de uma parcela da alteridade como composição da identidade. O outro é inesgotável, porém; o inconsciente é contínuo e contrasta com a descontinuidade da consciência. Assim, o vir a ser é a falta que move — e sempre moverá — o existir.

Perls (1974) entende que podemos reassimilar e recuperar as nossas projeções quando nos identificamos com a pessoa ou o objeto que recebe a projeção. Esse entendimento requer reparos bastante sérios. Em primeiro lugar, não necessariamente tivemos antes a posse do conteúdo; portanto, há de se pensar em integração, não apenas em reintegração. Na consciência, existem lacunas que são potenciais por desenvolver e outras que são fruto de repressão. Em segundo lugar, há sutilezas no processo de projeção. A identificação com o objeto pode ser uma maneira indevida de preencher a lacuna da consciência, pois pressupõe uma identidade fundamental — inaplicável — entre o sujeito e a tela. O objeto que recebe a projeção tem valor de um símbolo. É um veículo para determinados conteúdo. Algo do símbolo há de ser assimilado, mas torná-lo parâmetro para uma identificação seria o mesmo que confundir o todo com uma parte ou, dito de outro modo, literalizar. Os exemplos clínicos apresentados na segunda parte deste livro ilustram muito bem o sentido do exercício de identificação e como é possível que resulte numa tomada de consciência. A teorização de Perls não tem a precisão da sua prática. O que ele faz é mais certeiro.

Na mesma obra (1977), Perls apresenta a sua proposta metodológica, discorrendo sobre a técnica de identificação com elementos do sonho. Faz uma contraposição à técnica psicanalítica de associação e interpretação, por julgar que o procedimento pode resultar em mero jogo intelectual. Define-as como "dissociações livres", desqualificando e questionando a abordagem. Em lugar de interpretar, pretende levar o cliente a reviver o sonho no aqui e agora, encenando-o no presente e, assim, envolvendo-se muito na ação.

Todos os sonhos seriam representações de situações inacabadas; para completá-las, bastaria que se apanhasse uma mínima fração do sonho. Para um trabalho solitário, Perls sugere que a pessoa faça uma lista de cada detalhe do sonho; em seguida, deve *tornar-se* aquele elemento, ou seja, imaginar que ela é o sapo feio, o telhado, o capim. Juntas, cada uma das partes formará um todo maior, uma personalidade mais real. A consigna principal é: *pare de pensar*. O passo seguinte é fazer que as partes se encontrem e dialoguem. O procedimento será bem-sucedido caso se encontrem pares de opostos, pois evidenciam um conflito. As forças opostas poderão ser integradas mediante a apreciação e a compreensão das diferenças, capacitando a pessoa para enfrentar o mundo. O confronto com o mundo requer o término da guerra interna entre parcelas da personalidade da pessoa. A persistência no trabalho com os sonhos possibilitaria que a pessoa decodificasse as mensagens existenciais contidas neles, integrando-as à experiência.

Perls enfatiza a tônica do seu trabalho: não pensar. Privilegia a dramatização, o dar voz, tom e movimento às diversas partes do sonho. Na concepção do autor, o pensar se aproximaria facilmente da racionalização, isto é, de um recurso contrário à *awareness*. Faz um raciocínio *econômico*, ou seja, a vida é vista como uma dinâmica *energética*. As energias e as forças contidas nas projeções são o que Perls tenciona que a pessoa integre. Ele entende que existe um jogo de oposição entre essas forças, estruturado em pares de opostos, configurando conflitos, os quais podem ser superados mediante o confronto das diferenças. No entanto, se o pensamento é excluído do exercício dramático, haverá um momento reflexivo, possibilitador da adequada tematização do conflito? Terá lugar a compreensão intelectual, nomeadora, explicitadora? Ela se completa somente no plano da *awareness*? Trata-se de uma apreciação no plano dos sentimentos e das sensações, exclusivamente?

É certo que transparece na minha argumentação o que consiste em preocupação central: *uma abordagem que exclui pode ser integradora*?

Longe de chegar a conclusões precipitadas, acho pertinente entender que a intenção inconsciente subjacente é o ponto de partida da experiência, visto que pode mais facilmente representar a autenticidade e a espontaneidade das emoções, dos desejos e das necessidades. Dessa forma, Perls estaria interessado em devolver a pessoa às raízes das suas vivências, supondo, talvez, que qualquer decorrência nada mais seria que o fluxo natural de um processo ecológico do existir. Nesse sentido, Perls é o sentinela religioso da matriz da experiência, pois zela pela *ligação* da experiência vivida aos interesses do *self*.

Numa leitura das ideias de Perls, Erving e Miriam Polster (1979) entendem que a pessoa reconhecer afinidades suas com os diversos aspectos do seu sonho abre caminho para a ampliação do seu senso de diversidade e para a noção de identidade. Com isso, a autoimagem arbitrária e desvitalizada dá lugar a um sentido de multiplicidade concreto e dinâmico. De fato, a pessoa pode viver à margem da vida, guardando experiências significativas (entre elas, o sonho), como dimensões placadas, isto é, exteriores ao eu. O exercício de identificação proporciona à pessoa um comprometimento sadio com o significado da experiência. O que lhe é revelado pelo sonho não se reduz à apreciação estética; toca-a no plano da ética.

Ainda quanto à condução do trabalho com sonhos, Perls, Hefferline e Goodman (1951, p. 384) advertem:

> O sonho fala na linguagem imagética da infância; a vantagem não é reconhecer o conteúdo infantil, mas reaprender algo do sentimento e da atitude do discurso da criança, para recuperar o espírito da visão eidética e vincular o verbal e o pré-verbal. Porém, desse ponto de vista, o melhor talvez não fosse a livre associação com base na imagem e a aplicação de um conhecimento frio à imagem, mas justamente o contrário: uma cuidadosa representação literária e pictórica dela (surrealismo).

Em diversas passagens das obras de psicologia, os autores enfatizam a recuperação da espontaneidade da perspectiva da criança, por estar mais próxima de uma visão isenta dos vieses da óptica adulta. Ao fluxo de associações livres, contrapõem o fluxo anterior à associação, mais representativo do plano dos sentidos e das sensações. O verbo deixa de ser uma conexão deliberada e mantém-se um mero tradutor simultâneo da experiência. A interpretação do sonho é evitada por se tratar de um produto da reflexão do psicoterapeuta e consistir numa antecipação à descoberta que o cliente pode alcançar por si só. A visão eidética é pré-reflexiva; o pensamento eidético é a expressão pura e simples de ideias que brotam na mente. O ego não opera sobre os rumos da verbalização, pois está em suspenso, emprestando suas habilidades à comunicação direta do inconsciente.

Perls não pretende impedir as interpretações, mas sim restringi-las ao âmbito da percepção do cliente. O que o autor desencoraja é que o psicoterapeuta recorra à interpretação para formular uma compreensão pelo cliente, por assumir que sabe mais do que qualquer outra pessoa. Acredito que subjaz a essa atitude um valor: Perls parece entender que seria ilícito o psicoterapeuta tomar para si o poder que pertence ao cliente. Nesse sentido, entender o emergir da compreensão como uma formulação do cliente é o mesmo que legitimar a sua condição de sujeito, encurtando, assim, o caminho que leva da dependência transferencial à autonomia.

Referindo-se à posição de Masud Khan, André Green (1984) destaca aspectos da conduta do analista no trabalho com sonhos, os quais confluem com o entendimento de Perls. Assinala que um dos componentes técnicos de Khan é o emprego da dramatização, pois ela leva o paciente a viver — mais do que reviver — um contexto pré-santificado. Isso preenche a função que naturalmente se satisfaria numa economia psíquica satisfatória. O momento psicoterapêutico é a oportunidade correta para uma atualização. O sentido do viver, em lugar de reviver, está em que a dramatização vivifica algo que na verdade nunca existiu, ou seja, nunca se expressou, permaneceu inconsciente, indiferenciado. Na opinião de Khan, segundo Green, o texto do sonho relatado é relativamente destituído de afeto, pois representa uma amputação da experiência do sonhar. Nesse sentido, a interpretação corre o risco de ser um texto sobre um texto e, portanto, uma amputação dobrada. Acredito que Perls concordaria com essas ideias, caso as tivesse conhecido. O relato do sonho distancia o afeto pela exacerbada intermediação de funções como a memória e a ordenação. A dramatização faz recurso à memória e envolve certo nível de ordenação, mas o faz de modo mais condizente com o colorido afetivo das lembranças e com o sequenciamento ditado pela imperiosidade do fluxo das emoções.

Numa observação genérica e assistemática, identifiquei uma grande diversidade de experimentos com sonhos conduzidos por Perls. Na maioria das vezes, a técnica incide sobre aspectos isolados do sonho; em outras oportunidades, Perls leva o cliente a dialogar com o sonho integral, personificando-o como interlocutor. Entretanto, em nenhum livro localizei um experimento que incidisse sobre a relação psicoterapeuta-cliente. Perls orienta-se mais pelo método gestáltico do que pelas nuanças e sutilezas de cada encontro em particular. Erving e Miriam Polster (1979), contudo, vislumbram uma gama muito mais ampla de estilos e preferências pessoais que orientam a conduta do psicoterapeuta. Ressaltam, inclusive, a possibilidade de que o foco do trabalho seja o relacionamento entre o cliente e o psicoterapeuta, quando puder melhor atender a necessidade do cliente, ou para contornar um eventual constrangimento ante a proposta de representação de papéis. Qualquer que seja a escolha, o experimento será significativo quando for uma composição harmoniosa entre o estilo, o talento e a técnica do psicoterapeuta, de um lado, e de outro a necessidade, o desejo, a disponibilidade, os recursos e as limitações do cliente.

A energia psíquica é uma quantidade. E não pode estar solta. Liga-se, então, a representações. As imagens dos sonhos são representações psíquicas. São metáforas. Tudo se dá como se o inconsciente estivesse telegrafando à consciência, numa tentativa de alertá-la para determinada tendência, prontidão, lacuna, determinado sofrimento ou curso do psiquismo. Como o inconsciente tem uma ordenação diferente da que caracteriza a consciência, o telegrama vem escrito numa linguagem aparentada à da vigília, porém cifrada, e por isso precisa ser decodificada.

Embora Jung (1986a) considere o sonho uma função da consciência, eu o vejo como uma função do inconsciente, como manifestação. A captação da manifestação, essa sim, é uma função da consciência. A imagem é o modo particular como uma mensagem é veiculada. A decodificação, contudo, não é automática e requer um esforço da consciência. Cada código da mensagem (cada letra e palavra do telegrama) é um símbolo. A articulação entre os códigos compõe um *como se*. Tudo se dá no interior da psique inconsciente *como se* fosse assim essa imagem em movimento. O trabalho analítico investiga o significado individual de cada elemento e a sintaxe do conjunto, com a finalidade de ampliar a consciência. Participam da elaboração o cliente, com as suas informações, associações e significados, e o analista, com a sua técnica e o seu conhecimento de processos psicológicos. O trabalho gestáltico, por sua vez, tenta volta a mergulhar o cliente nas imagens, emprestando a elas parte dos seus recursos egoicos para que se manifestem aos sentidos e sejam percebidas no plano dos sentimentos, isto é, para vitalizarem o fluxo de *awareness*, cuja nascente se encontra nelas. Assim, o cliente é levado a inserir-se na linguagem do telegrama para dramatizá-la. A crença é a de que, ao assumir uma identidade com o símbolo, se desencadeará na pessoa o movimento próprio da libido, cujo fluxo fora interrompido de alguma maneira.

PARTE II

Convites ao inconsciente

O sonho de June

TRANSCRIÇÃO DO EPISÓDIO

June: O sonho começa num carro, num estacionamento subterrâneo muito grande que lembra uma caverna. Fica perto de uma estação ferroviária, e eu sou uma menininha. Tenho só uns 7 anos... Meu pai está sentado ao meu lado; parece muito grande, muito escuro. Não há iluminação. Houve um blecaute, e eu sei que ele está me levando para a estação. Vai me pôr num trem de volta para a escola, porque estou de uniforme, uma saia e um sobretudo azuis, e está acontecendo um ataque aéreo. Então temos que ficar no carro, e as bombas não param de cair, e faz muito barulho.

[voz firme] Você está com medo das bombas, June? Ou está com medo de voltar à escola? Não tenha medo das bombas, porque isto é um sonho e, no carro, estamos protegidos.

[voz frágil] Não quero voltar para a escola. Não gosto de lá.

Eu bem que gostaria que você ficasse em casa. Gostaria que você voltasse para o hotel, gostaria de matricular você numa escola do bairro, mas a sua mãe não quer que você volte...

[choramingando] Mas é você quem dita as regras.

Eu não dito as regras. Tenho de conviver com sua mãe.

Mas as bombas estão caindo.

Fritz: Seja o piloto...

J: Dá um sentimento intenso de poder pilotar um avião e encontrar alguém para atirar bombas; daí é só apertar o botão. *[confiante]* Estou controlando o avião e posso ir aonde quiser, e atirar. Bum. Atirar. Bum. O chão está cheio de pedais e, cada vez que eu piso em um, cai uma bomba. *[voz fraca]* Eu de fato meto medo em *algumas* pessoas.

F: Ok. Seja também o bombardeiro; vá para o Vietnã.

J: Posso... posso... *[voz trêmula e aflita]* posso voar até lá, mas não posso atirar. São pessoas de verdade. Nos meus sonhos as pessoas não são de verdade... Não tem nenhum... não tem nenhum botão, nem pedal no chão. Então não dá pra atirar. Consigo pilotar e voar em círculos, e consigo baixar a altitude e levar tiros, mas não posso dar tiros... Não quero contra-atacar.

F: Então volte e atire as bombas de novo naquele carro.

J: *[quase chorando; voz de desamparo]* Tem uma menininha naquele carro. Não posso fazer isso... Posso sim... Atirei. Caíram junto do carro. *[sacudindo-se]* Sou o carro, e estou sacudindo, e estou despedaçado, mas o interior está intacto, e as pessoas no carro estão em segurança. Estão muito assustadas.

F: Muito barulho por nada. Você não pode fazer nada contra si mesma... Você está a salvo...

J: Você não consegue fazer nada comigo, mas eu consigo.

F: Ok. Vamos tentar de novo.

J: Sim, senhor.

F: Seja o bombardeiro e atire bombas de napalm nos vietnamitas.

J: Está bem... Estou me aproximando da orla e levo uma carga só do mortífero napalm. Bem gosmento. Vou me aproximando, me aproximando, porque desta vez eu vou atirar pra valer, e vou querer ver o que acertei... *[chora; prende o choro]* Ah, nããão... Acertei uma senhora que corria com uma criança no colo, e um cachorro atrás... *[chora]* e eles se retorceram de dor!... E não os matei... mas se queimaram.

F: Então arranje mais alguém pra matar.

J: Aqui?

F: Tanto faz, desde que você mate.

J: *[chora]* Minha mãe... como vou matá-la. *[calma e energicamente]* Quero que doa muito... Meu, como eu quero que doa... Ah, matei. *[ainda chorando]* Na piscina, cheia de ácido, e ela mergulhou. Não sobrou nada *[ri]*... *[baixinho]* Você merecia. Deveria ter feito isso há muito tempo. Não sobraram nem os ossos. Ela simplesmente desapareceu.

F: Não entendi o que você resmungou aí. Quer nos contar? Você não é obrigada; só se quiser.

J: *[com calma]* Eu enchi a piscina. Enchi. Enchi a piscina deles com ácido, e ela não sabia. Parecia água.

F: A piscina de quem?

J: A piscina dos meus pais. E ela foi nadar, mergulhou... e... se queimou. Foi parar no fundo e a carne sumiu, dissolveu, e os ossos afundaram, e dissolveram. E logo tudo ficou azul de novo, como a água da piscina... Eu me senti bem. Deveria ter feito isso há muito tempo.

F: Diga isso para o grupo.

J: Foi bom! Eu deveria ter feito isso há muito tempo. Muriel, foi bom *mesmo*, e eu deveria ter feito isso há muito tempo. Foi bom, Glenn. Foi bom ela ter agonizado. Foi bom ela ter morrido. Eu deveria ter feito isso há muito tempo.

F: Ok. Agora feche os olhos. Volte ao seu sétimo ano de vida. Torne-se uma menina de 7 anos de idade.

J: *[voz fraca]* Tá bem... Sete anos?... Meu! Como eu sou feia! *Muito* gorda. Minha franja é mal cortada. E torta daqui até aqui, porque sou eu que corto, porque ninguém corta pra mim. Meu cabelo é... crespo e despenteado. Minhas unhas são roídas. Do pescoço até os joelhos eu sou imunda... Abotoo o sobretudo e digo que tomei banho, que escovei os dentes, e não fiz nada disso, e eles nunca desabotoavam o sobretudo pra ver se lavei dos pulsos pra cima. E o meu sobretudo tinha manchas de geleia, tinta... Eles fazem a gente tomar banho sob uma chapa laminada, em cubículos, e quando eu tinha 7 anos — estou com 7 anos — não queria tomar banho lá. *[chora]* E toca um sinal, e isso quer dizer que temos de ir para o corredor e fazer fila. *[em prantos]* E com quem eu posso falar? Nem mesmo percebo, hã... que ninguém quer aquela menina. *[geme]* Eu sempre perco cinco pontos em comportamento. Nunca ganho doce, nem sorvete. Como batata, essas coisas. Minha avó me manda uma caixa de balas, e não me deixam ficar com ela. Tenho de guardar num baú, no refeitório, pra dividir com todo mundo... e não ganho *nenhuma*. *[cai no choro]* Por favor, deixa eu comer só uma... e na semana que vem não como nenhuma. *[soluça]*

F: Ok, June. Quantos anos você tem agora?

J: Uns 9.

F: E a sua idade verdadeira? Qual é a sua idade?

J: 35.

F: 35. Seja uma mulher de 35 que conversa com essa menina. Faça a mulher de hoje conversar com a menina de ontem... Coloque-a naquela cadeira e sente-se aqui. Você agora está com 35 anos.

J: *[dócil]* Você não é *má*. As menininhas de 9 anos não são *más*. Você é só bobinha e nem é por sua culpa... Não me importa que sua letra seja feia... Não me importa se você tem cáries de tanto comer chocolate. E não me importa, June, se você é gorda. Não me importa se você está suja, porque isso tudo não tem mesmo muita importância.

F: Agora eu quero que você volte para cá. Eu gostaria que você dissesse o que lhe der na telha! Você faz ideia do que a leva a se prender tanto a essa lembrança?

J: Foi assim por *tanto* tempo!

F: Ok. Olhe em volta. O que está acontecendo aqui?

J: Não sei. Não tem a menor relação com o que eu estou fazendo aqui e agora.

F: Então, estou interessado nisto: você ter de arrastar essa menina com você, não poder deixá-la.

J: É... Às vezes... Eu nunca sinto que a arrasto. Sinto como se ela... ela ficasse de plantão, e é como se ela aguardasse uma oportunidade em que alguém me fizesse me sentir mal e... meu, aí ela toma conta e eu viro criança.

F: Isso mesmo, isso mesmo. Agora diga: "Fico aguardando uma oportunidade para bancar a vítima", ou coisa parecida, e vá por aí.

J: Hã, pode ser. Não sei se vai dar certo.

F: "Fico querendo ser bem tratada".

J: Fico aguardando uma oportunidade pra tirar partido da sua compaixão, e calor humano, e compreensão... e então, se consigo, fico agradecida, me sinto melhor e me sinto com 35 anos outra vez. Assim eu dou conta. Mas basta eu sentir que não estou dando conta, eu me encolho, fico pequenininha e deixo que cuidem por mim.

F: É quando você a tira do lixo?

J: Isso. Aí eu a pego, apresento-a a mim mesma, aceito-a e finjo que sou ela, até encontrar alguém que tenha pena, me paparique e seja gentil, e aí eu me sinto tranquila e daí eu a descarto.

F: Agora volte para ela. Fale com ela. Conte que vocês duas estão brincando de trapacear.

J: Benzinho, a gente anda brincando. Eu só soube disso agora. *[risos]* Tenho 35 anos. Não sou gorda. Meus pulsos não são sujos. *[risos]* Posso comprar doces e comê-los quando quiser. Há pessoas que me amam muito. Muita gente me apoia quando eu preciso. Pra que, então, eu preciso de você? *[risos]*

F: O que ela diz?

J: Aaah, ela diz, você não tem lá tanta *certeza* assim, sabe? Ora... É bom ter à mão uma menininha tão jeitosa quanto eu. *[risadas] [risos] Um banho de ácido pra você também! [mais risos]*

F: E para os profissionais... Isso é para mostrar a eles... esse é um dos famosos traumas que os analistas freudianos mascateiam. Eles se alimentam disso anos a fio. Pensam que essa é a *causa* da neurose, em vez de perceberem que é apenas uma artimanha. A psicanálise é uma doença que finge ser uma cura. Percebam, é muito difícil aceitar que tudo que acontece aqui ocorre na fantasia. A neurose é um acordo entre a psicose e a realidade. June fica numa boa. Nada a atinge. Porém, todas essas coisas no sonho dela são vistas como reais. É por isso que estamos longe de compreender o fato de que estamos desempenhando papéis. Não há bombas aqui, não há matança, não há menininha, *são apenas imagens*. A maior parte da nossa luta na vida é pura fantasia. Não queremos nos tornar o que somos. Queremos nos tornar um conceito, uma fantasia, o que deveríamos ser. Às vezes temos o que as pessoas sempre chamam de ideal, o que eu chamo de praga, de ser perfeito, e aí nada que façamos nos dá satisfação. Há sempre algo que temos de criticar para manter o jogo da autotortura, e vocês veem que nesse sonho o jogo da autotortura aparece bastante.

ANÁLISE

Identificação e preparo do terreno

O relato do sonho é o ponto de partida. É longo e contém um diálogo entre a sonhadora e o pai, elementos que permitem identificar informações úteis para o desenrolar do trabalho. Trata-se de uma cena de infância; se incide agora, em forma de sonho, é porque a temática é atual. O pai aparece como um coadjuvante que evidencia, por contraste, a condição psicológica de June menina: assustada, insegura, desafiadora para com ele.

Consenso

Em quatro momentos há miniepisódios de consenso.

- Em diversas ocasiões June tem dificuldade para seguir as instruções de Perls (ela as compreende, mas resiste a segui-las). O psicoterapeuta insiste em que desempenhe o papel do piloto do bombardeiro. June faz adaptações inicialmente (o avião deixa de ser equipado para o ataque) e dribla as instruções de Perls (atira bombas fora do carro, que não atingem os ocupantes). Contudo, aos poucos, Perls consegue fazer que ocupe o papel e experimente atacar, cada vez com mais precisão, até matar. Perls parece dar especial importância ao poder destrutivo de June, que já se revelara no trabalho coletivo inicial (veja no Apêndice) e constitui uma polaridade da menina vítima, personagem do sonho.
- Em duas oportunidades, Perls sugere que June atire bombas nos vietnamitas. Na primeira, June não consegue ocupar o papel prescrito (utiliza o artifício de modificar as condições do avião). Em seguida, há um episódio de gradação, que será comentado no item pertinente. Após essa etapa, Perls volta a insistir em que June assuma o papel do atacante. Diz ele: "Ok. Vamos tentar de novo". Encontra concordância em June ("sim, senhor"). Perls repete a instrução e, novamente, June ataca ("tá bem..."). Há aí um trabalho de "consenso". Na realidade, parece mais ter havido uma submissão do que propriamente um consenso. June acabara de dizer que Perls (o outro) não podia atingi-la, mas ela, sim, podia, em resposta a um assinalamento de Perls ("Você não pode fazer nada contra si mesma... Você está a salvo..." — como quem diz: "Você não causa nenhum dano a você, não é? Você está a salvo da sua ação... destrutiva...). O que June responde, então, pode ser entendido assim: "Eu me coloco a salvo daquilo que você pode causar a mim. Eu mesma posso fazer comigo o que eu quiser!" Não afirmo que June sinta as instruções de Perls como ataques a ela, mas penso nesse sentido. Assim, a concordância com a insistência de Perls ("sim, senhor"), mais parece uma concessão irônica e agressiva (porque inevitável) do que um consenso. Perls, por sua vez, aparenta estar firme em seu propósito, conforme evidencia sua intervenção seguinte: "Então arranje mais alguém pra matar". June pergunta se é para arranjar alguém lá, na situação, ao que Perls responde que tanto faz, pois entende que o importante é June exercitar *o matar*. Importa dar vazão ao poder destrutivo.
- Na intervenção seguinte ("Não entendi o que você resmungou aí. Quer nos contar? Você não é obrigada; só se quiser"). Perls consulta o desejo

de June, o que sugere pesquisa de consenso. Está preservada a possibilidade de que June não expresse tudo que passa pelo seu pensamento. (Um consenso geral e amplo se estabelece entre Perls e cada participante do grupo: se participam, é porque concordam com a ideia de submeter-se à experiência gestáltica.)

- No terço final do episódio, observa-se:

Perls: [...] Agora diga: "Fico aguardando uma oportunidade para bancar a vítima", ou coisa parecida, e vá por aí.

June: Hã, pode ser. Não sei se vai dar certo.

Perls: "Fico querendo ser bem tratada".

June: Fico aguardando uma oportunidade [...].

Aí, novamente, June hesita em seguir a instrução da maneira como foi verbalizada. Perls reorganiza a linguagem, a própria ideia e oferece um modelo alternativo para a fala de June. A nova formulação é aceita, conforme indica a continuidade do texto. Não faltou consenso na proposição genérica do experimento, mas sim num detalhe de conteúdo.

Gradação

Pode ser considerado um episódio de gradação aquele em que Perls

- dá instruções a June para desempenhar o papel de piloto no bombardeio, como se estivesse no Vietnã;
- diz a June para voltar e atirar bombas no carro. June mostrara-se incapaz de seguir à risca a instrução anterior. Perls não assinala isso, mas parece respeitar a dificuldade e introduz o passo intermediário;
- instrui June de novo a tentar atirar bombas nos vietnamitas.

Esse será rigorosamente um episódio de gradação caso tenha ocorrido a introdução do passo intermediário para ajustar a tarefa aos limites da dificuldade de June.

Awareness

O trabalho desenvolve-se na tentativa de privilegiar o contato com polaridades não percebidas.

June parece extremamente atenta ao plano verbal, buscando muita precisão, tanto em seu discurso quanto no de Perls. Não deixa escapar uma só palavra que não esteja afinada com a sua percepção. É muito perspicaz e atenta ao discurso de Perls, permanecendo vigilante com nuanças e significados.

Nenhuma desarmonia é sinalizada pelo psicoterapeuta entre a expressão corporal e a expressão verbal de June.

Localização da energia do cliente

Desde o primeiro momento, pode-se observar a abundância de energia ativada no psiquismo de June. Por um lado, há um bombardeio aéreo — a energia projetada, muito intensa e poderosa. Por outro, há uma menina, aparentemente fraca e temerosa, cuja força e poder, no entanto, residem exatamente na fragilidade e no temor aparente.

Ela põe o pai contra a parede e o desafia a desempenhar a paternidade, com críticas à sua submissão à esposa. A energia poderosa da menina é representada pela personagem, porém não é consciente.

Perls pesquisa ambos os aspectos. Inicia pela energia projetada (mediante o exercício de destrutividade) e conclui com a energia da menina, que investiga as relações de June com essas dimensões.

Tanto o conteúdo quanto a forma do discurso de June revelam a pujança vital, amplamente explorada por Perls, que vai encontrando caminho entre as resistências dela (sendo ela, a um só tempo, colaboradora e meticulosa) e conseguindo que assuma o desempenho dos papéis projetados cada vez com mais vigor.

Focalização

Há dois focos muito claros no desenrolar do episódio: um em torno do poder destrutivo de June e outro orientado pela exploração da menina de 7 anos. Perls se elege e permanece guardião desses focos.

Construção de autossuporte

Não se evidencia nenhum trabalho de construção de autossuporte. Ambos, psicoterapeuta e cliente, pareciam contar com um bom autossuporte. Quanto a June, isso é verdadeiro ao menos no que diz respeito às condições que apresentava para o trabalho (boa disposição pessoal), mas certamente não foi a presença de um bom autossuporte que se evidenciou com o desenrolar temático do experimento. June parecia estar de prontidão para algo, independentemente do rumo que o experimento foi tomando, como se, de antemão, ela já dispusesse de entendimentos acerca do significado do seu sonho. Quanto a Perls, tudo indica que se sentia muito à vontade com o que fazia.

Tema

Diversos temas emergiram, mas apenas alguns receberam a atenção de Perls. Em primeiro lugar, focalizou-se a destrutividade de June e a quem ela se dirige. (Para Perls, porém, não parecia importar que houvesse um objeto de raiva; qualquer objeto servia, desde que a raiva se expressasse.) Em segundo lugar, enfatizou-se a dinâmica da menina de sete anos, com quem Perls entende que June faz um jogo de autotortura. Com base na exposição final de Perls, entendo que o jogo seja um truque aplicado ao sujeito por ele próprio, uma espécie de boicote ao que a pessoa realmente é, guiado por um ideal de ego. Este, pelo menos, parece ser o ponto de vista de Perls. Não se fez nenhum processamento do tema existencial trabalhado. A única tematização encontra-se nos comentários finais de Perls, de cunho teórico e referentes às diferenças entre sua abordagem e a psicanálise.

Escolha do experimento

Não fica claro até que ponto o diálogo transcrito faz parte do relato do sonho ou se é o início de um experimento que June toma a iniciativa de fazer.

Quando Perls intervém ("seja o piloto..."), ele assume a direção do experimento. Opta por sugerir a identificação com um elemento elíptico do sonho: o piloto. Daí por diante, passa a dirigir o comportamento da piloto dramatizada por June.

Na segunda fase do experimento ("agora feche os olhos..."), sugere a identificação com uma personagem do sonho, a menina de 7 anos, uma dimensão da própria sonhadora. Finalmente, desenvolve-se uma situação de diálogo entre a mulher de 35 anos (idade atual) e a menina de 7 anos. Ao longo do experimento, o psicoterapeuta dialoga com a cliente algumas vezes.

Insight e conclusão

Essa fase parece começar no momento em que Perls instrui June a contar à menina sobre a brincadeira de trapacear. Há uma evidente alteração no colorido emocional do discurso de June, com o surgimento do contraste com o tom emocional choroso que prevalecera anteriormente: aparecem o riso, a jocosidade, a "espertinha", a trapaceira. June vai da tristonha, sofrida à séria, forte e, enfim, à trapaceira.

Acredito estar em jogo a repetição de um modelo de relação que, provavelmente, terá sido eficiente no passado. June o interpreta em suas relações atuais, o que configura uma situação de transferência. Perls parece prescindir desses entendimentos. Em lugar disso, vê o padrão estruturado como uma modalidade de interação (uma forma de contatar o outro) atual, quem sabe cristalizada, voltada para finalidades atuais. A apreciação final de June parece concordar com esse ponto de vista.

Finalidade do trabalho

Toda a primeira fase volta-se para o contato com a raiva e com sentimentos de poder e destruição e serve também a uma verificação da amplitude da capacidade egoica de experimentar e dar alguma expressão a esses sentimentos. Além disso, cabe observar que Perls faz o cliente tornar público o seu sentimento e comprometer-se com ele diante dos participantes do grupo.

A segunda fase do trabalho (representação da menina) centra-se na discriminação e na percepção mais diferenciada da estrutura da personalidade, bem como das finalidades pelas quais a personalidade se estrutura desse modo particular. Por fim, o trabalho leva a perceber o que Perls entende serem artimanhas, a que o ego recorre no processo adaptativo, e não causa de neurose. Em termos mais simples, o cliente pode perceber como estrutura suas relações.

Vínculo entre psicoterapeuta e cliente

Ambos têm papéis diferenciados: o psicoterapeuta atua como diretor do trabalho; o cliente é um ator que segue instruções gerais e um autor que cria um texto.

A presença de Perls é extremamente ativa, atenta e alentadora para com o cliente, contornando defesas habilmente e contribuindo para o surgimento do conteúdo pesquisado. A clareza e firmeza de propósitos de Perls parecem gerar em June uma confiança nele que lhe permite revelar-se aos poucos, passando de uma posição carregada de pressupostos, esquiva, fugidia e repetidamente chorosa para uma atitude clara, firme e despojada.

Diretividade das intervenções do psicoterapeuta

Ao entrar no experimento, June está ciente de que vai mergulhar numa experiência dirigida. A direção de Perls, portanto, está autorizada.

As instruções são do psicoterapeuta (e, em vez de diretivas, parecem firmes e organizadas de acordo com focos bem escolhidos e bem empreendidos); o texto é de June. Perls intervém no texto apenas para sintetizar ou parafrasear intervenções. No mais, permanece colado ao conteúdo manifesto no texto proferido e, sendo assim, não é nem um pouco diretivo.

Recursos terapêuticos utilizados

Identificação com um elemento elíptico (implícito) do sonho; fantasiar que se tem outra idade e relatar a experiência; diálogo entre o cliente e uma personagem do sonho; consultas ao pensamento do cliente.

O experimento propriamente dito

É ouvido o relato do sonho. Há duas fases: uma em que June descreve uma situação e outra em que procede a um diálogo.

O relato inicia-se com a exposição de uma cena urbana no presente do indicativo. O ambiente é descrito em muitos detalhes. Um pai leva uma filha para pegar o trem que a conduzirá de volta à escola. Encontram-se no automóvel, num estacionamento subterrâneo, perto da estação. Lá fora acontece um bombardeio aéreo.

O diálogo revela que a menina (a sonhadora) está com medo, não quer voltar à escola e prefere ficar em casa com os pais. O pai questiona se o medo é por causa da escola ou do bombardeio e procura tranquilizá-la sobre o segundo. A menina diz que não quer voltar à escola, pois não gosta de lá. O pai responsabiliza a mãe pela determinação de que a menina volte à escola, isentando-se. A filha desafia a função paterna dele de estabelecer regras. O pai exime-se e diz que quem faz as regras é a mãe dela. Faz crer que se submete a ordens. A menina muda a linha de argumentação e refere-se ao bombardeio. A tonalidade emocional do discurso é de fraqueza e choramingas, o que contrasta com a força de confronto que demonstra ter — ou revela, por estratégia psíquica, o mecanismo dessa força.

Todo o relato — a descrição da cena e o diálogo — denota grande tensão e dificuldade emocional da sonhadora. Revela-se uma dinâmica triangular pai-mãe-filha, em que o pai é visto como alguém que gostaria de ser bonzinho e atender às vontades da filha, mas a mãe-bruxa, malvada, o impede. A atitude da sonhadora é ativa e expressiva, descontente com a situação familiar e com a sua condição de filha submetida a determinações alheias à sua vontade. O confronto é entre pai e filha. Ela tem críticas à passividade dele; quer que o pai a salve do abandono, mas ele depende antes de ser salvo da autoridade da sua mulher. Como pode intervir um homem ainda aprisionado à sua relação edipiana original? Com isso, a menina June estaria denunciando um duplo sentimento de desamparo.

- No momento em que a menina muda a linha de argumentação e refere-se ao bombardeio, Perls instrui June a ocupar o papel do piloto (do avião que bombardeia). Não se pode avaliar até que ponto o relato estava concluído e até que ponto é interrompido pela instrução. Está feita a escolha do experimento: Perls elege o elemento que denota oposição à condição de June no sonho (uma característica projetada).
- June segue a instrução de Perls com grande prontidão e fluência, revelando muita intimidade com o papel — um papel que se caracteriza pelo exercício do poder e do controle da situação, explicitamente mencionados por ela. Parece satisfeita com a possibilidade de praticar o poder e o controle. Termina a sua fala com uma observação ambígua: "Eu de fato meto medo em *algumas* pessoas". Esse comentário é feito num tom de voz mais tímido, e não está claro se ela se ausentou ou não do papel para tecê-lo, nem quem são essas pessoas que ela sabe ser capaz de assustar, nem exatamente o que pretendia dizer a Perls ou ao grupo com isso — amedrontá-los? Notificá-los dos seus poderes? Flagrar-se numa capacidade desconhecida? O discurso assume um tom firme e confiante, que contrasta com o tom emocional da menina.
- Perls mantém e amplia a instrução ("Ok. Seja também o bombardeiro. Vá para o Vietnã"). Com isso, dá nova meta ao exercício de poder e distancia relativamente o objeto para a destrutividade de June, introduzindo o Vietnã como elemento de ficção, dado que estava ausente do relato original.
- June perde a fluência, a firmeza anterior. Foi impactada pelo caráter realístico que a instrução ampliada tomou perante sua percepção. Na fala anterior, June parecia ter em mente um alvo específico (não revelado) para os seus ataques, o que favorecia o desempenho do papel de atacante, e tornava fortes as suas afirmações. A situação era sentida

mais como fictícia e, principalmente, estava sob controle. Desta vez o alvo é mais abrangente (o Vietnã, os vietnamitas, outros aviões de bombardeio etc.), não é da sua escolha e, portanto, ela se vê com menos controle sobre aquele ou aquilo que há de ser o objeto da sua destrutividade. De alguma maneira, isso ativa uma defesa que a faz reabrandar a destrutividade e voltar a uma atitude mais inofensiva. Nessa oportunidade, coloca-se enfraquecida, impotente e à mercê de outros ataques, numa atitude de maior passividade, característica da menina do sonho. Pode pilotar o avião, apenas. Não pode contra-atacar, nem dispõe de mecanismos e armas para tanto, ou seja, evaporaram-se os seus recursos. No final, há uma mudança no discurso: "Não quero contra-atacar".

- Perls introduz outra instrução: "Então volte e atire as bombas de novo naquele carro". Acredito que o propósito dele seja contornar a evitação de June, retornando ao ponto em que ela pôde admitir o poder e a agressividade. As intervenções seguintes confirmam essa impressão. O propósito é manter June no âmbito da destrutividade até que se atinja algum critério de suficiência.
- June demonstra fragilidade e impossibilidade de seguir a instrução num primeiro momento ("tem uma menininha naquele carro. Não posso fazer isso..."). Em seguida, reorganiza-se de alguma maneira e acata a instrução. Durante a reorganização há uma pausa, provavelmente suficiente para ela arquitetar outra artimanha viável. Acaba seguindo e não seguindo a instrução ao mesmo tempo — obedece e transgride, ainda evitando o exercício da destrutividade. Por iniciativa própria, ocupa o papel e a voz do carro e descreve as condições presentes: o carro foi sacudido e danificado; os ocupantes ficaram ilesos e assustados.
- "Muito barulho por nada", diz Perls, e assinala: "Você não pode fazer nada contra si mesma... Você está a salvo..." A fala de Perls permite diferentes leituras. Uma possibilidade é a de que ele a esteja lembrando de que não é preciso todo esse alarde, toda essa evitação, dado que nada vai destruí-la. Nesses termos, June estaria tomando o exercício da destrutividade como literal (e não dramatizado), em que a evitação estaria a serviço de contornar um dano real à sua integridade. Outra leitura: Perls estaria denunciando que ela faz de tudo para safar-se, ou seja, não se compromete, não se deixa atingir.

- June reage ao assinalamento de Perls. O sentido da fala também não se pode explicitar com certeza. Poderia revelar que ela mantém o outro sob controle, mas é afetada pelas próprias ações. De qualquer modo, filtra (controla) a intervenção de Perls.
- Perls anuncia parcialmente o seu raciocínio: "Ok. Vamos tentar de novo". Com isso, deixa claro que tem um propósito em mente e quer retomá-lo do ponto em que foi abandonado ou suspenso. O intento — o exercício da destrutividade — não foi atingido ainda. Pode-se perceber com clareza a atitude de vítima assumida por June, conforme evidencia o desenrolar do experimento. Vitimar é o oposto de ser vítima. Perls capta essa polaridade e trabalha com ela. Nessa etapa, o experimento consiste em ocupar o lugar do outro (ativo) num drama em que o ego habitualmente ocupa o lugar passivo.
- June concede e o faz evidenciando a autoridade de Perls — "Sim, senhor" —, com o que não parece muito satisfeita, pois dissolve seus controles (interdita). O sonho traz elementos que nos permitem observar um contraste entre o masculino exercido por Perls e o masculino exercido pelo pai da sonhadora, visto por ela como alguém esvaziado de autoridade.
- Perls retoma a instrução ampliada, especificando-a um pouco mais (o tipo de bomba, em quem deve ser atirada). Parece buscar um objeto que permita a June expressar a agressividade. *Se uma porta está fechada (se aí há uma defesa), procuraremos outra.* O importante é chegar lá.
- June faz uma concessão e segue a instrução como quem afrouxa um pouco as defesas ou aceita um desafio, como quem diz: "É por aí? Então vamos por aí!" Inicia o discurso com muita energia (fortaleceu-se gradativamente para isso), a julgar pela linguagem que usa. Diz que desta vez vai mesmo atirar e quer ver o que vai acertar com a bomba. Ela aceita o desafio, porém não sem dificuldade: seu gesto assemelha-se ao de quem fecha os olhos e aperta o gatilho *porque há de atirar*, não com uma ação consciente, escolhida, mas por não poder arbitrar. Fecha os olhos para *nem ver* o que vai causar (primeiro atira, depois vê). É a ausência total de controle, a impulsividade. Na fala "quero ver o que acertei" existe também um movimento bastante sádico, mas não uma assunção do sadismo. *Foi o acaso*, por assim dizer. Vão-se estruturando defesas novas — ou, pelo menos,

alternativas —, ainda evitadas, mas o conteúdo emerge aos poucos. Quando verifica, o que acertou com a bomba foi uma mulher com uma criança no colo. Uma mãe, portanto, e um filho/filha, seguidos por um cão. Ela não os matou. *Apenas* os queimou, e eles se retorceram de dor. A mãe, que aparece no relato do sonho como a bruxa que a obriga a fazer o que não quer (e a priva de fazer o que quer), aparece aqui novamente como o alvo casual do seu ataque. De quebra, sofrem também a criança e o cão. Ou seja, quando ela realiza um desejo inconsciente (o de punir a mãe, fazendo-a sofrer, vingando-se dela), acaba machucando a si mesma em seu aspecto de criança (ou em sua feminilidade, cuja matriz se destrói com a eliminação da mãe) e em seu aspecto de cão, que aí deve simbolizar algo instintual. Não consegue destruir sem destruir-se. Num só movimento ocorrem a destruição da mãe, a grande culpa por isso e a tentativa de reparar o dano, expiar o seu pecado pela autopunição.

- Perls dá nova instrução complementar à anterior, baseada no ocorrido até aqui: "Então arranje mais alguém pra matar". É como se ele pensasse: "Matar é uma questão sua; vá até o fim. Encontre alguém para exercitar isso". Ainda busca um objeto para o exercício e a assunção do poder destrutivo.
- June lhe pede que especifique a instrução: "Aqui?" A pergunta denuncia, na verdade, o susto de June diante da instrução. *Aqui* é uma palavra que a retira da cena fictícia — controlada — e a insere no contexto relacional real da situação grupal. Arranjar alguém pra matar *aqui* é algo que a priva das suas defesas habituais, além de dar ao ato de matar um caráter realístico. O desejo de matar é uma expressão autêntica da libido e não se confunde com o ato de matar. No psiquismo de June, porém, não parece haver tal discernimento ou compreensão.
- A resposta de Perls, em especial quando traduzida do inglês literalmente — tirar o matar do seu sistema —, denuncia que o sistema (Gestalt fixa) tem de ser dissolvido em seus cristais, exatamente em nome da retomada do fluxo da libido, represada de modo indevido por falta de uma representação adequada ou por falta de um nível de expressão tolerável para o psiquismo de June. O alvo era fazê-la chegar à realização fantasiosa, possível, do desejo, isto é, um redirecionamento da libido e consequente harmonização do desejo. O critério de suficiência no

exercício seria dado pela finalização do ato imaginado: a assunção da capacidade destrutiva e o contato com a energia envolvida nisso.

- June dá expressão ao que parecia estar à flor da pele desde o início: o desejo de matar a mãe. A destrutividade, aqui, parece ser consequência de algo anterior, ou seja, uma raiva muito intensa. Nesse trecho, misturam-se a lágrima e o riso. O movimento destrutivo mais se caracteriza como uma aniquilação. Trata-se, obviamente, de uma realização fantasiosa do desejo, dramatizada, imaginada, experienciada com a concretude possível. Num primeiro momento, surge a vontade de fazer a mãe sofrer; em seguida, vem a aniquilação. Dessa feita, não aparecem sinais de culpa. A julgar pelo comentário seguinte de Perls, ela conclui seu discurso com um murmúrio, um resmungo, talvez numa tentativa de ocultar um pouco o sadismo ou não torná-lo tão maiúsculo perante o grupo, Perls e, decerto mais importante, para si mesma. O ardil consiste em pegar a mãe de surpresa numa situação corriqueira e prazerosa: o uso da piscina. Sendo transparente, o ácido passaria por água. Assim, a mãe seria golpeada irreversivelmente, sem chance de se defender.
- Devolver na mesma moeda? Seria essa sua vivência diante da atitude atribuída à mãe? Ser atraiçoada, enganada e não ter saída? (Colocar óleo de fígado de bacalhau em lugar do iogurte tão apreciado; tomada a primeira colherada... é tarde!) Trata-se de uma estratégia fantasiosa que envolve dois componentes importantes: um ato de poder — onipotente — encobridor de sentimentos de impotência e inferioridade ante o objeto, e o não deixar vestígios — o que reforça a fantasia onipotente de invisibilidade do sujeito, isentando-o de responsabilidade e culpa (eliminar a figura parental do mesmo sexo, competidora pelo mesmo objeto de desejo). Esse tipo de recurso costuma surgir em compensação a uma inabilidade no lidar com confrontos, típica da atitude introvertida, situação em que o objeto é superestimado e visto como opressor ou como uma grande ameaça à integridade do sujeito. Surge, também, em momentos da vida que requerem a intervenção de certas capacidades do herói. O anonimato e o subjugar o objeto são componentes de uma luta pela autonomia e, nesse sentido, satisfazem uma função que pode ser criativa para o psiquismo. Embora exacerbado, o sentimento de poder fortalece o ego e o capacita com o intuito de equipará-lo aos poderes do outro (pessoa, mundo, inconsciente), até então percebido como

imbatível. A função castradora da mãe, tão necessária, é condição para o fortalecimento da personalidade. É na luta que se dá o crescimento; o matricídio mitológico liberta.

- Perls aponta o murmúrio e diz que não entendeu o que foi dito. Pergunta-lhe se quer contar o que disse. Não é obrigada, caso não queira. As defesas foram afrouxadas a ponto de permitir a expressão do desejo inconsciente integralmente. No entanto, June dosa o volume expressivo. Perls consulta-a sobre a concordância em tornar mais claramente pública uma fala sussurrada.
- June inicia a resposta descrevendo o que fez na piscina — uma fantasia que aparentemente ela acalentava havia muito tempo. Há acentuada ênfase no ato de encher a piscina. Sugere eliminação, como no caso de aliviar-se pela urina (ácida), o que remete à ideia de uma contenção descomunal ao longo de toda uma vida. A mesma ideia de eliminação já se manifestara por ocasião de uma ênfase igualmente acentuada nas características físicas das bombas de napalm, mais semelhantes às fezes.
- Perls pergunta de quem é a piscina. Trata-se da piscina dos pais, um prazer que ela não pôde usufruir. A pergunta, portanto, é relevante. Ela procura estragar, com o mesmo gesto, o prazer ao qual os pais têm acesso.
- June responde e completa a informação anterior. Não há referências à tonalidade da voz, nem a nuanças da fala. A descrição é de grande concretude e cheia de detalhes (afogamento, extinção e aniquilamento por dissolução). Surge uma referência enfática ao *queimar*, o que novamente associa a mãe do Vietnã à mãe de June. Repete que já deveria ter feito isso; supõe-se que a fantasia habitara June muito tempo atrás. Com isso, duas coisas se tornam públicas ao mesmo tempo: a fantasia e a capacidade destrutiva de June — capacidade que parecia ser um aspecto sombrio mantido à margem da consciência ou à margem da experiência interacional dela, encoberto por sua habitual condição de vítima).
- A instrução de Perls para que June diga "isso" ao grupo não especifica o que deve ser dito, dentre as diversas falas proferidas. (Subentende-se uma referência às últimas sentenças.) Trata-se da expressão de um sentimento.
- June repete para algumas pessoas as duas últimas falas — "Eu me senti bem. Deveria ter feito isso há muito tempo" —, com uma alteração: "eu

me senti bem" se transformou em "foi bom". Entendo que essa alteração faça diferença. No primeiro caso, evidenciam-se o seu sentimento e a sua ação ("eu me senti bem" *[por matar a própria mãe]*); no segundo, tudo fica impessoal ("foi bom"), o sadismo puro e simples, sem culpa, o que não é assinalado. Essa é a última etapa do primeiro foco. Perls é hábil em obter a revelação de todo o material de que June se defendia, contornando as defesas uma por uma, aqui e ali, com apelos e boas maneiras.

- Nova instrução de Perls. Dessa vez, June deve fechar os olhos e retirar-se para o seu sétimo ano de vida. Propõe que ela se torne June aos 7 anos. Trata-se de uma instrução que contribui para o movimento no tempo, mediante uma fantasia dirigida. Permanece a atividade fantasiosa, porém o objeto é a própria June; a meta, até então, vinha sendo aquele ou aquilo a que se dirigia a intenção do seu comportamento imaginado. Fechar os olhos leva a retirar-se do contato com o ambiente, bem como ao movimento da imaginação rumo ao conteúdo interno. A instrução de Perls é ampla e vaga, no sentido de que ele não especifica o que pretende que ela faça quando se torna June aos 7 anos. Perls sugere o contexto; June traz o texto.
- June resgata a lembrança das suas condições no internato, por ocasião dos 7 anos de vida. Descreve-se como uma menina feia, gorda, mal-arrumada, suja. Tinha de se submeter a regras (banhar-se num cubículo sob uma chapa laminada) que não faziam sentido para ela. No internato, não se importavam com o asseio das crianças, mas com o cumprimento de deveres. Parecia sentir-se como uma criança abandonada e entregue a mãos descuidadas e negligentes, nada afetivas, rigorosas e frustradoras. Sentia-se só e sem ter com quem contar, além de rejeitada. A única gratificação era provida pela avó, mas não tinha direito às guloseimas que recebia de presente. Tinha de compartilhá-las com as colegas e ficava sem nenhuma, por estar sempre de castigo. A narrativa envolve muito choro, muito sofrimento e, quase inevitavelmente, tenta conquistar a compaixão do ouvinte. Conforme se percebeu anteriormente, June responsabiliza a mãe por essa situação e indigna-se com o pai por considerá-lo omisso diante dela. Enfim, descreve a menina como vítima de uma situação injusta. Tomando-se o aspecto sequencial do episódio, destaca-se o par algoz-vítima.

- Perls pergunta a June qual é a sua idade naquele momento, delimitando com isso a fronteira entre o experimento e a situação presente, o contexto grupal.
- June responde que tem aproximadamente 9 anos, denotando ter compreendido a pergunta de Perls como apenas um amparo ao fluxo do experimento.
- Perls pergunta a June qual é a sua idade verdadeira, procurando novamente estabelecer a fronteira.
- June responde que tem 35 anos. É colocada perante o contraste menina-mulher. Esse trecho do episódio evidencia quanto a menina está presente na mulher, isto é, seu caráter pregnante.
- Perls dá nova instrução a June, de forma completa e detalhada. Deve dramatizar um diálogo entre a mulher de 35 e a menina de 7 anos. Perls estrutura a cena, dizendo que a menina fica numa cadeira, June em outra, e deixa claro que a iniciativa do diálogo cabe à mulher de 35 anos. Embora completa, a instrução é bastante aberta para que o conteúdo do texto seja da autoria de June. Não oferece nenhuma consigna nesse sentido.
- O discurso de June contém julgamentos e avaliações sobre a menina. São observações ao mesmo tempo benevolentes e críticas, que denotam uma ambígua aceitação das características da menina. A adulta "dá um desconto" para a menina, por entender que aqueles traços são superficiais. Com esses comentários, a adulta superficializa e desqualifica a menina, oferecendo-lhe um amor hipócrita. Desenha-se aí um modelo de relação provavelmente representativo da experiência vivida nas relações objetais estruturais. Surge um ataque velado e indireto à mãe. Há uma grande diferença entre dizer *você é boa* e *você não é má*, pois a segunda formulação destaca a qualidade de má ao negá-la. Além disso, existe uma generalização ("menininhas de 9 anos não são más") indicadora de que a crítica, além de ambígua, é indiscriminadora, dado que a especificidade e a individualidade de June não são levadas em conta. A adulta não vê a menina; julga-a, o que a faz depositária de projeções.
- Perls interrompe a linha de dramatização no ponto em que está e pede a June que retorne à situação presente. Faz uma consulta ao pensamento de June. O termo utilizado por ele (*bullshit*, que significa bobagem,

baboseira e, literalmente, bosta) indica certa depreciação do pensar (falar de algo e, consequentemente, pensar nisso é bosta). Perls quer saber a que se deve a permanência da dimensão menina.

- Em resposta, June destaca o fator *tempo*. Depreende-se daí que o modelo de relação assim estruturado configura uma interrupção de fluxo, uma cristalização de figura.
- Perls instrui June a olhar ao redor e pergunta o que está acontecendo ali. Com isso, suspende a conversa sobre o assunto e volta à atitude de diretor do experimento. Retira-a do movimento de consulta interior e leva-a a observar o exterior.
- June diz não ver a menor relação entre o que observa à volta e o que vinha vivenciando.
- Perls retoma a ideia anterior. Diz que está interessado no fato de que June arrasta a menina com ela e não a deixa. Com isso, devolve seu movimento para o interior. Nesse ponto, está revelando a compreensão que tem de algo que ocorre com June: entende que ela se agarra à menina de 7 anos e não desgruda dela de jeito nenhum. A menina não seria tanto uma lembrança, mas muito mais uma *bagagem*, um recurso que June carrega consigo aonde quer que vá.
- June responde personificando a menina como algo distinto de si, com concretude e personalidade próprias (algo que se assemelha ao conceito junguiano de complexo). Não percebe que arrasta a menina consigo, mas percebe que esta desempenha uma função específica na sua vida: cancela June e se apossa dela quando alguém a faz sentir-se mal, depreciando-a. É grande a intimidade com a personagem.
- Perls reforça e valida enfaticamente o que June diz e dá nova instrução: "Agora diga: 'Fico aguardando uma oportunidade para bancar a vítima', ou coisa parecida, e vá por aí". Promove a identificação de June com a menina, diferentemente do que sua fala anterior parecia indicar. Fica sugerido que Perls entende que June tem na menina uma faceta da sua personalidade (não a tem; é ela) e a revela conforme a situação requeira. O modelo de fala sugerido inclui uma leitura interpretativa da posição da menina em June. Recorre à caricatura para evidenciar um traço (bancar a vítima; no inglês literal, bancar a rainha da tragédia).
- June hesita e diz que até pode seguir o modelo de fala sugerido por Perls, mas não tem certeza se confere com sua experiência. Com essa

observação, estabelece uma fronteira entre o seu discurso e o de Perls. Talvez tenha sido impactada pela força da caricatura.

- Diante dessa observação, Perls oferece um modelo alternativo, menos caricato e, portanto, menos afrontador a uma possível defesa de June: "Fico querendo ser bem tratada".
- Surge June identificada com a menina, descrevendo (e não atuando) a maneira como ela age. Em suma, o que diz é que só se sente adulta e capaz de lidar com a vida quando encontra no ambiente benevolência, compreensão e calor humano. Caso contrário, vira uma menininha e deixa que cuidem dela. (É precisamente o que ocorre no diálogo inicial com o pai. Ela vira uma pobre menininha e pressiona o outro a ir à luta por ela.)
- Parafraseando June, Perls sintetiza: "É quando você a tira do lixo?" Com isso, destaca o caráter de descartável que aquele elemento tem. Ele a torna responsável por algo que, até então, funcionava com o automatismo do inconsciente.
- June aceita o que Perls diz e descreve novamente o uso que faz da menina. A essa altura do experimento, percebe-se que houve uma reorganização na autopercepção de June, e o relacionamento com Perls parece ter assumido uma sintonia mais cômoda.
- Nova instrução de Perls para que June retome o diálogo com a menina, agora mais bem percebida, mais bem discriminada. Faz uma sugestão genérica a respeito do conteúdo da fala que June deve proferir: "Conte-lhe que vocês duas estão brincando de trapacear". Perls utiliza o recurso da instrução (às vezes com modelo), para embutir percepções suas que podem ser consideradas interpretativas. Não são exatamente interpretações de motivos latentes, mas *imagens* (figuras de linguagem, metáforas) com as quais Perls procura *sintetizar* o que entende estar ocorrendo.
- June parece ter acatado muito bem a percepção de Perls. Começa o diálogo com a menina de um modo jocoso e bem-humorado, provocando risos entre os participantes do grupo. Revela que não se dera conta, até o momento, de que vivia um jogo com a menina. Em seguida, diz ter tudo o que quer (apoio, amor, recursos para adquirir gratificações) e dispensa a menina, o que também gera risos. A trapaça é uma artimanha que ambas aplicam na outra, para ludibriá-la; assim, June

recorreria à menina para fazer-se de coitadinha e, com isso, angariar a benevolência da outra. June termina dizendo: "Pra que, então, eu preciso de você?" O sentido é de dispensar a menina. Contudo, ainda não se revelara a sutileza do mecanismo.

♦ Perls descaracteriza o tom de dispensa dessa última fala de June e a torna uma pergunta. Se respondida, poderia indicar a *finalidade* do mecanismo.

♦ É o que ocorre. A resposta vem certeira e interessante. É como se a menina, na fala anterior de June, se travestisse de adulta para manter-se oculta e de prontidão, ludibriando o próprio trabalho de Perls, a consciência adulta de June e perpetuando-se como vício relacional. A menina acha que June não tem lá *tanta* certeza assim do que disse (de que consegue tudo que quer). Portanto, acha útil para tê-la sempre por perto. É um mecanismo que visa contornar experiências de frustração. Ao atuar, porém, faz June sentir-se mal, pois desvaloriza a sua segurança, autoconfiança e autossuporte. É uma espécie de representante interna da mãe no seu aspecto terrível, o *animus* negativo da mãe. June retoma a voz da adulta e reage: "Um banho de ácido pra você também", completando, assim, a aniquilação do espírito desabonador da mãe. Novamente, gera risos na plateia. A menina é uma representação da imago da mãe no seu aspecto terrível, uma mãe que deprecia, desqualifica e faz a filha passar a vida sentindo-se submetida aos seus ideais e dependente dela, a mãe que sabe o que é bom para a filha, o que pode, o que não pode, onde deve estudar etc. É uma espécie de embaixatriz da ideologia da mãe, e reside em June. Portanto, matar a mãe é um intento que só se conseguirá alcançar matando em si sua representante, dela libertando-se, pela conscientização.

♦ Perls conclui com um breve processamento teórico de alguns elementos do experimento. Seu pensamento procura ser sintético e didático, mas deixa margens a muitas dúvidas. Com dificuldade, destaco o que me parece compreensível na sua fala.

• Há uma crítica à psicanálise e aos psicanalistas. Penso tratar-se de crítica ao pensamento causalista, segundo o qual os efeitos psíquicos atuais se deveriam a *causas* — traumáticas — anteriores, identificáveis no plano das relações objetais originais da vida da pessoa. A esse ponto de vista Perls contrapõe um pensamento *finalista*, ou *estrutural*. No caso de June, a questão que o norteia é: como June se apresenta? (estrutura). Desta, deriva outra: para que June está assim? (Finalidade, em contraposição a por quê?) Perls se ocupa com o que fenomenologicamente se apresenta como a estrutura da pessoa. Parece sugerir também que o trabalho psicanalítico é muito demorado ("anos a fio"), de onde se depreende que ele próprio chegaria mais direta e rapidamente a bons resultados.

- Perls trabalha no âmbito da relação da pessoa consigo mesma e com o outro no momento presente, enfocando os artifícios por ela utilizados para alcançar o que quer (no caso de June, a benevolência, o cuidado do outro, o evitar a frustração). Esse querer, longe de revelar, só faz encobrir e boicotar o que a pessoa realmente é.
- Perls não avalia o seu método e as suas compreensões como alternativos ou complementares aos psicanalíticos, caso em que as últimas seriam legitimadas. Entendo que ele compreende a psicanálise realmente como uma doença (uma loucura), uma vez que postula a existência "real" de imagos parentais internalizadas, a transferência (que implica o repetir, que pressupõe uma matriz), coisas que ele considera meras fantasias. Não apenas entende que prescinde dos níveis de conteúdo investigados pela psicanálise como também os considera errados.
- O trabalho com o sonho seria o de explicitar e desmascarar o caráter fantasioso (entendido por ele como *inventado*) dos *acordos feitos entre a psicose e a realidade*.

O sonho de Jane (I)

TRANSCRIÇÃO DO EPISÓDIO

Jane: Hã, no meu sonho eu estou indo pra casa visitar a minha mãe e a minha família... e eu estou diri... dirigindo de Big Sur até... até a casa da minha mãe...

Fritz: O que está acontecendo aqui?

J: Isto aqui é muito assustador. Eu não sabia que podia ser tão assustador. *[O workshop foi realizado num salão, com outro grupo de 30 observadores.]*

F: Feche os olhos... e fique com o susto. O que você sente com o susto?

J: Tremores aqui em cima, no peito *[suspira]*, respiração agitada, hã, mi... minha perna direita está trêmula. Minha perna esquerda... agora minha perna esquerda está trêmula. Se eu demorar muito com os olhos fechados, meus braços vão começar a tremer.

F: Em que momento esse medo surgiu?

J: Eu olhei lá pra eles. *[risos]*

F: Então olhe de novo. Fale com essas pessoas. "Vocês me assustam", ou coisa assim.

J: Bom, agora não está tão ruim. Estou escolhendo a dedo.

F: Quem você escolhe a dedo?

J: Ah, a Mary Ellen e a Alison. O John. Eu pulei um monte de rostos.

F: Agora vamos pedir ao seu pai e à sua mãe que entrem na plateia.

J: Eu não olharia para eles.

F: Diga isso a eles.

J: Hã... Onde vocês estiverem, não vou olhar pra vocês... porque eu não... Você quer que eu explique? Ah, não quer, não. *[risos]* Tá bem. Mamãe e papai, eu não vou olhar pra vocês.

F: O que você experimenta quando não olha pra eles?

J: Mais ansiedade. Quando eu lhe contar o sonho, você vai ver, é a mesma coisa.

F: Ok, conte-me o sonho.

J: Está bem. Estou indo pra casa visitar a minha mãe e o meu pai e fico ansiosa durante a viagem inteira. E... há um grande lance de escadas até a entrada da casa. Tem uns 60 degraus. E no sonho o me-medo aumenta a cada degrau que eu subo. Então eu abro a porta e encontro a casa às escuras. E eu chamo a minha mãe... Ah, eu percebo que os carros estão todos lá. Portanto, eles estão em casa. Eu chamo a minha mãe e ninguém responde. Chamo o meu pai, e ninguém responde. Eu chamo as crianças, e ninguém responde. Então eu... é uma casa muito, muito grande e então eu entro em todos os cômodos procurando por eles e eu... eu entro no quarto e os meus pais estão na cama, mas eles, eles são só... eles não são meus p... são esqueletos. Não têm pele. Eles não... eles não falam... não dizem nada. E eu sacudo... Esse sonho se repete sempre e ultimamente eu me senti corajosa para sacudi-los. Mas...

F: No sonho você pode dramatizar... O que acontece quando você os sacode?

J: Nada. Quer dizer... eu... eu só sinto um esqueleto... um esqueleto. E eu berro com eles no sonho. Mando eles acordarem. E eles não acordam. São só esqueletos.

F: Muito bem. Vamos começar tudo de novo. Você está entrando na casa, não é?

J: Tá bem. Eu estou entrando na casa e primeiro... primeiro eu entro na cozinha e está muito escuro, e o cheiro não é o de que eu me lembro. Cheira a mofo, como se não a limpassem há muito tempo. E não ouço nenhum ruído. Costuma ser barulhenta... muito barulho de crianças. E não ouço barulho algum. Daí eu vou até onde era o meu quarto e não tem ninguém lá, e está tudo limpo. Tudo está em ordem e intacto.

F: Vamos fazer um encontro entre a cozinha do sonho e o seu quarto.

J: A cozinha e o quarto. Tá. Eu sou a cozinha, e... eu não estou com o cheiro de sempre. Eu costumo ter cheiro de comida. Costumo ter cheiro de gente. E agora eu estou com cheiro de poeira e de teias de aranha. Geralmente, não sou muito ordeira, mas agora eu estou muito bem arrumada. Tudo foi guardado. Não tem ninguém dentro de mim.

F: Agora seja o quarto.

J: O quarto... Sou muito... Sou limpo... Não sei como conversar com a cozinha.

F: Fique falando bem de você mesma.

J: Bom, eu sou bem arrumado, como você. Sou muito bem arrumado, também. Mas eu cheiro mal como você, e não tenho cheiro de perfume, e não tenho cheiro de gente. Só tenho cheiro de poeira. Só que não tem poeira no meu chão. Estou muito arrumado e muito limpo. Mas meu cheiro não é bom e não me sinto bem como de costume. E eu sei que quando a Jane entra em mim ela se sente mal quando eu estou tão arrumado e não tem ninguém aqui dentro. E ela entra em mim do mesmo jeito que ela entra em você no sonho. E ela está com muito medo. E a gente é muito... eu sou muito vazio. Eu sou muito vazio. Dentro de mim qualquer ruído faz eco. É essa a impressão que eu tenho no sonho.

F: Agora seja a cozinha de novo...

J: Eu sou muito vazia, também. Eu, ai...

F: Sim? O que foi?

J: Eu me sinto vazia.

F: Você sente o vazio agora.

J: É.

F: Fique com o vazio.

J: Tá. Eu... não sinto ele agora. Espere. Perdi. Estou muito, sabe... eu...

F: Fique com o que você experimenta agora.

J: Estou com aquela ansiedade de novo.

F: Quando você é a cozinha? É isso?

J: Isso. Eu sou a cozinha... E não tem ar puro dentro de mim. Não tem... Eu deveria conversar com o quarto. Huuum. Oooh...

F: Simplesmente diga isso para o quarto.

J: Estou mofada como você. E não faz sentido, porque estou muito limpa e impecável. E a mãe da Jane não costuma me deixar tão asseada. Ela está sempre ocupada demais pra me arrumar. Tem alguma coisa de errado comigo. A atenção que me dão não é a habitual. Estou morta. Sou uma cozinha morta.

F: Diga isso de novo.

J: Estou morta.

F: De novo.

J: Estou morta.

F: Como você sente a morte?

J: Bem, não é tão ruim…

F: Agora fique como está e procure se dar conta da mão direita e da esquerda. O que elas estão fazendo?

J: Minha mão direita está trêmula e espalmada. E a esquerda está cerrada com força, e as minhas unhas forçam a palma da mão.

F: O que a sua mão direita quer fazer?

J: Ela está bem assim. Acho que quer parar de tremer.

F: Além disso, mais alguma coisa? Ela quer parar *[de tremer]*? Quer se estender *[para a frente]*? Não consigo decifrar a sua mão direita. Insista no movimento. *[Jane faz movimentos de extensão com a mão direita.]* Você quer se estender. Ótimo. E o que a sua mão esquerda quer fazer?

J: Minha mão esquerda quer ficar retraída. Está bem cerrada. Minha mão direita está bem.

F: Então inverta. Deixe agora a mão esquerda fazer o que a direita está fazendo e vice-versa. Estenda a mão esquerda.

J: Não… Minha mão esquerda não quer se estender.

F: Qual é a dificuldade de estender a mão esquerda?

J: A sensação é muito diferente, e a minha mão direita não está cerrada; está mole. Consigo *fazer*. Consigo *fazer*, mas…

F: Seria artificial.

J: Isso.

F: Agora estenda a mão esquerda de novo… *[com voz suave]* Tente me alcançar com ela… *[Jane estende a mão para alcançá-lo... suspira.]* O que houve agora?

J: Ela começou a tremer… e eu parei.

F: Agora faça um diálogo entre a mão direita e a esquerda do modo como estavam antes. “Eu estou me retraindo e você está se estendendo.”

J: Sou a mão direita e estou me estendendo. Estou aberta. Muito à vontade e, mesmo quando tremo, não é ruim. Eu estou tremendo agora e não me sinto mal… Ah, sou a mão esquerda e não me estendo.

Cerro o punho. E agora as minhas unhas estão compridas; então, ao fazer isso, eu me machuco quando cerro o punho... Ai...

F: Sim, o que houve?

J: Eu me machuquei.

F: Quero lhe dizer uma coisa que geralmente funciona. Não sei se se aplica a você. A mão direita geralmente é o lado masculino da pessoa e a esquerda é o feminino. O lado direito é a parte agressiva, expansiva, e o lado esquerdo é a sensível, receptiva, aberta. Agora confira e veja se serve para você.

J: Tá. A bocuda mostra a cara, sabe como é?

F: Sei.

J: Mas a meiga... não é tão fácil...

F: Ok. Entre na casa uma vez mais e faça um diálogo com o que você encontrar, ou seja, o silêncio.

J: Diálogo com o silêncio.

F: Sim, o silêncio.

J: Ser o silêncio?

F: Não, não. Você entra na casa e a única coisa que encontra é o silêncio. Certo?

J: Sim. Você me incomoda. O silêncio me incomoda. Não gosto dele.

F: Diga isso para o silêncio.

J: Estou... Ele está sentado ali. Você me incomoda. Não gosto de você. Não ouço muita coisa em você e, quando ouço, não gosto.

F: O que o silêncio responde?

J: Bem, é que eu nunca tive vez, porque quando você era mais jovem havia muitas crianças à sua volta o tempo todo, e os seus pais são espalhafatosos, e você é espalhafatosa, e realmente não me conhece muito bem. Acho que talvez tenha medo de mim. Será que você tem medo de mim? Agora vamos ver como é que eu me saio. É. Não me sinto com medo agora, mas seria capaz de ter medo de você.

F: Então entre na casa uma vez mais e encontre-se com o silêncio de novo. Volte para o sonho.

J: Tá. Estou na casa e tudo está muito quieto e eu não gosto; ela está em silêncio. Quero ouvir barulho, quero ouvir barulhos na cozinha e barulhos no quarto e quero ouvir as crianças. *[a voz começa a falhar]* Quero ouvir a minha mãe e o meu pai rindo e conversando. Eu...

F: Diga isso a eles.

J: Eu quero ouvir vocês, rindo e conversando. Quero ouvir as crianças. Tenho saudade. *[começa a chorar]* Não consigo me desapegar de vocês... Quero ouvir vocês. Quero ouvir vocês... e quero ouvir vocês.

F: Ok. Vamos modificar o sonho. Faça-os falar. Ressuscite-os.

J: Ressuscitá-los.

F: É.

J: Eles estão lá.

F: Você diz que tenta sacudi-los. São só esqueletos.

J: *[com pavor]* Oooh.

F: Quero que você tenha êxito.

J: Você quer que eu fale com... Estou confusa. *[já parou de chorar]*

F: Você está no quarto, certo?

J: Sim.

F: Seus pais são esqueletos.

J: Sim.

F: Esqueletos geralmente não falam. Quando muito, balançam e chacoalham.

J: Sim.

F: Eu quero que você os ressuscite.

J: Trazê-los de volta à vida.

F: Trazê-los de volta à vida. Até aqui você disse que os apagaria. É isso que você faz no sonho.

J: Eu os sacudo no sonho. Eu os pego e sacudo.

F: Fale com eles.

J: Acordem!

F: De novo.

J: *[mais alto]* Acordem!

F: De novo.

J: *[mais alto]* Acordem!

F: De novo.

J: *[mais alto]* Acordem! *[alto, quase chorando]* Vocês não me ouvem! Por que vocês não me ouvem?! *[suspira]* E não respondem. Não dizem nada.

F: Vamos. Seja farsante. Invente-os. Ressuscite-os. Vamos promover uma farsa.

J: Está bem. Não sabemos por que não ouvimos você. Não sabemos nem se não queremos ouvi-la. Somos só esqueletos. Ou estamos imóveis? Não... Não sabemos por que não a ouvimos. Não sabemos por que somos assim. Não sabemos por que você nos encontrou assim. *[chorando]* Talvez, se você não tivesse ido embora... talvez, se você não tivesse ido embora, isso não acontecesse. Acho que está certo. É isso que diriam. É isso que diriam.

F: Ok. Volte a ser você.

J: Sinto que quero contar pra vocês que fui embora cedo demais, e não consigo ir embora de vez. *[quase chorando]*

F: Conte para eles que você ainda precisa deles.

J: Eu ainda preciso de vocês.

F: Diga a eles, em detalhe, do que você precisa.

J: Eu ainda preciso que minha mãe me abrace.

F: Diga isso a ela.

J: Eu ainda preciso que você me abrace. *[chorando]* Quero ser uma garotinha, às vezes... Tire "às vezes".

F: Você ainda não está falando com ela.

J: *[soluçando]* Ok. Mãe! Mãe, você acha que eu sou bem crescida... e eu acho que sou bem crescida. Mas tem uma parte de mim que não foi embora e eu não consigo, não consigo tirá-la da cabeça.

F: Você percebe que isso é uma continuação da nossa sessão anterior? Primeiro apareceu a durona, a atrevida; depois surgiu a meiga. Agora você começa a aceitar que tem necessidades infantis... Então seja sua mãe.

J: *[timidamente]* Bem, você sabe que pode voltar quando quiser, Jane. Mas não vai ser exatamente a mesma coisa, porque eu tenho outras garotinhas pra cuidar. Tenho que cuidar das suas irmãs e elas são pequenas, e você é grande e agora sabe se cuidar. Fico contente que você esteja crescida. Fico contente que você seja tão inteligente... Bem, mas... eu não sei mais como conversar com você. Ou melhor, eu sei... respeito você, mas não a entendo o tempo todo... *[soluçando]* e, e...

F: O que aconteceu agora? O que aconteceu quando você parou?

J: Senti dor de barriga. Eu me senti frustrada.

F: Diga isso a Jane.

J: Jane, eu... *[chorando]* estou com dor de barriga. Eu me sinto frustrada, porque não a entendo, porque você faz umas coisas estranhas, porque você foi embora muito jovem e nunca voltou. E você fugiu de mim e eu amava você e queria que voltasse, e você não queria. E agora você quer voltar e é tarde demais.

F: Seja Jane de novo.

J: *[sem chorar]* Mas eu ainda preciso de você. Quero me sentar no seu colo. Ninguém mais pode me dar o que você tem. Ainda preciso de mãe. *[chorando]* Não acredito. Não dá pra acreditar no que eu estou dizendo. Ou melhor, eu concordo com o que estou dizendo, mas...

F: Ok. Vamos interromper. Você já acordou, mesmo. Volte para o grupo. Como você nos sente? Consegue contar para o grupo que precisa de uma mãe?

J: Hum. *[risadas; Jane ri.]* Posso contar pra você, Fritz. Ah, não. Tem gente demais.

F: Muito bem. Vamos ver se conseguimos juntar essas coisas. Agora faça um diálogo entre a sua dependência infantil e o seu atrevimento.

J: Ok.

F: Esses são os seus dois polos.

J: *[no papel do atrevimento]* Você é mesmo um traste. Fala feito um traste. Você tem janela, tem muitos anos de janela. Já aprendeu muita coisa. Sabe se virar sozinha. Que puta problema é esse que você tem? Por que tanto chora?

É que eu gosto de ser carente às vezes, Jane, e eu sei que você não gosta. Sei que você mal tolera isso. Mas às vezes isso vem. Por exemplo, eu não consigo trabalhar com o Fritz sem que isso que transpareça. Posso disfarçar... um tempão, mas... se você não admitir que eu existo, eu vou mesmo, vou ficar dando as caras e talvez você nunca cresça.

F: Diga isso de novo.

J: Vou ficar dando as caras e talvez você nunca cresça.

F: Diga isso de um jeito bem malvado.

J: Vou ficar dando as caras e talvez você nunca cresça.

F: Ok. Seja a atrevida de novo.

J: *[suspira]* Bem, eu já tentei dissimular e esconder e empurrar você para o canto e levar todo mundo a crer que você não existia. O que mais você quer que eu faça? O que você quer de mim?... Quero que você me ouça...

F: A Jane atrevida está disposta a ouvir?

J: Eu já estava ouvindo... Está bem, vou lhe dar uma chance. Sinto que, se eu lhe der uma chance... *[mão direita com dedo em riste, em sinal de ameaça]*

F: Sim? Sim? Não, não, não. Não... não esconda. Mostre. Você não lhe dá uma chance; você a ameaça.

J: É, eu sei. É isso mesmo que eu faço.

F: Pois é, pois é... Faça as duas coisas. Ameace-a e dê-lhe uma chance.

J: Está bem. Eu vou lhe dar uma chance. *[a mão direita a chama]*

F: Arrá! Isso significa "aproxime-se você".

J: Isso. Vamos nos juntar. Vamos tentar ficar juntas e ver o que podemos fazer... Mas eu estou lhe avisando: *[risos]* se você continuar me fazendo de boba desse jeito, Jane, com seu choro e sua dependência... você nunca vai me deixar crescer. *[pensativa]* Eu nunca vou deixar você... hum. *[risos]* Nunca vou deixar você... hã... *[risos]* bem.

F: Seja a outra Jane de novo.

J: É que eu não quero crescer... essa parte... Eu não quero crescer. Quero continuar como eu sou.

F: Diga isso de novo.

J: Quero continuar como eu sou.

F: "Eu não quero crescer."

J: Eu não quero crescer.

F: De novo.

J: Eu não quero crescer.

F: Mais alto.

J: Eu não quero crescer.

F: Mais alto.

J: Eu não quero crescer. *[a voz começa a falhar]*

F: Mais alto.

J: Eu não quero crescer!

F: Diga isso com o corpo todo.

J: *[chorando]* Eu não quero crescer. Eu não quero crescer. Estou cansada de crescer. *[chorando]* É difícil pra cacete! *[suspira]*

F: Agora seja a Jane atrevida de novo.

J: Claro que é difícil. Sei que é difícil. Eu sou capaz de crescer. Eu sou capaz de fazer qualquer coisa. Tudo que eu faço deixa isso muito claro. O que há de errado com você? Você está sempre ficando pra trás. Você tem de me alcançar... Venha me alcançar... Está bem. Vou alcançá-la, Jane, mas você tem de me ajudar.

F: Diga a ela como ajudar.

J: Você tem de me deixar viver sem fazer ameaças, sem me punir.

F: Diga isso de novo.

J: *[quase chorando]* Você tem de me deixar viver sem fazer ameaças, sem me punir.

F: Consegue dizer isso sem chorar?

J: *[serena]* Você tem de me deixar viver sem fazer ameaças e sem me punir.

F: Diga isso também para o grupo. A mesma frase...

J: Você tem de me deixar viver sem fazer ameaças e sem me punir.

F: Diga isso também para o Raymond. *[o noivo dela]*

J: *[chorando]* Você tem de me deixar viver sem fazer ameaças... Você sabe disso...

F: Pegou?

J: Sim...

F: Ok.

ANÁLISE

Identificação e preparo do terreno

Jane inicia o episódio relatando seu sonho com um discurso hesitante e entrecortado.

Perls investiga o que acontece e revela-se um sentimento de medo de Jane acima de qualquer expectativa. Identificado o medo, Perls investiga duas coisas: *como* esse medo se traduz internamente em sensações corporais e *quando* surgiu. Na resposta à segunda questão, surge, por assim dizer, o objeto do medo: os presentes no recinto. (As pessoas presentes não são o objeto do medo, exatamente; existe uma concomitância entre o surgimento do medo e a presença de pessoas ali.) Em seguida, Perls incentiva a *comunicação* do sentimento para a plateia, quando se revela uma dificuldade (ou peculiaridade) de Jane no contato com o ambiente. Só consegue interagir com *alguns* dos presentes. Diante disso, Perls lhe sugere que presentifique os pais na plateia, o que gera nela uma negativa. A sugestão dele de chamar o pai e a mãe não parece gratuita. O discurso hesitante inicial de Jane já incluía o elemento família. Observe-se, porém, que o discurso dela referia especificamente "a minha mãe e a minha família" e "a casa da minha mãe". Perls não considera precisamente a ênfase dada à figura da mãe, tanto que sugere a presentificação do pai e da mãe (nessa ordem).

Surge a recusa de constatar a presença dos pais na plateia; Perls sugere que isso seja comunicado aos interlocutores imaginados. Questionada sobre o que experimenta com a recusa, Jane refere ansiedade e, conforme expressou, sente a mesma ansiedade quando relata o sonho.

Acredito que esse episódio pode ser visto como identificação e preparo de terreno, uma vez que inclui uma investigação de quais os sentimentos, as dificuldades e as possibilidades presentes em Jane na ocasião. O motivo para a investigação parece ter sido a qualidade hesitante e entrecortada do discurso inicial.

Perls leva Jane a fazer movimentos alternados de interação e contato consigo mesma e com o ambiente, repetidas vezes.

Desenha-se um padrão:

- Entre em contato.
- O que você sente (o que acontece) quando você entra em contato?
- Quais são as sensações corporais que esse sentimento provoca?
- Comunique o sentimento. Volte a entrar em contato com o ambiente e então compartilhe o que se passa com você.

Esse padrão consiste em sístoles e diástoles de contato. Para fora e para dentro e para fora. Extroversão, introversão e, novamente, extroversão.

O episódio cumpre a tarefa de identificação de terreno também no sentido de permitir um breve diagnóstico da condição presente de Jane (medo perante a plateia; capacidade defensiva de selecionar o objeto para a interação; recusa a defrontar-se com a temática parental).

Consenso

De modo geral, parece haver consenso o tempo todo, de forma natural. Jane parecia disposta a vivenciar o experimento na exata medida em que Perls ia propondo os diversos passos.

Gradação

Em algumas oportunidades (episódios com as mãos e ressurreição dos esqueletos, por exemplo), Perls dedicava-se a tornar suas consignas mais claras e auxiliar Jane pacientemente. Não pareciam ser consignas além ou aquém do grau de dificuldade possível para Jane. O intento era conquistar condições adequadas para a consecução correta do experimento.

Awareness

Nível de *awareness* bastante bom. Jane refere com facilidade e precisão o que sente e percebe sensorialmente quando interrogada. Em uma única oportunidade ("você não lhe dá uma chance; você a ameaça"), Perls flagra e assinala algo com base na tonalidade emocional e do comportamento corporal de Jane, que lhe escapava à percepção, e ela acata prontamente.

Localização da energia da cliente

Jane parecia bastante disponível e cooperadora, o que facilitou o desenrolar do experimento. Perls, por sua vez, parecia muito próximo e aberto a ela, a cada pequena mudança de expressão e tonalidade afetiva. Procedeu de um modo que deu livre fluxo à expressão de Jane quando havia prontidão energética para isso e procurava ajudá-la quando havia interrupções. Perante estas, Perls a consultava, pesquisando quais as emoções e os sentimentos presentes e incentivando a expressão deles. O comportamento se assemelha ao de um coreógrafo que, em lugar de propor a estrutura da dança ao bailarino, procura identificar a coreografia potencial, latente, presente no corpo do artista, para incentivar a sua manifestação na direção mais fiel à natureza da pessoa. Nesse sentido, as intervenções de Perls parecem ser tentativas de verbalizar e, com isso, dar concretude e expressão às tendências já à flor da pele da cliente. Em alguns momentos, Perls faz propostas que parecem artificiais (episódio com as mãos e com os esqueletos), e de difícil realização. Nessas oportunidades, suas intervenções não favorecem a continuidade natural do movimento, conforme referido antes. Ao contrário, são desafios às resistências da cliente. Nos dois exemplos citados (e não são os únicos), o que ocorre é a presença de uma contenção energética, ou uma desenergização, uma desvitalização ou um congelamento. Perls parece identificar ali uma energia aprisionada e, utilizando-se de recursos variados, persistentes, acaba conseguindo que a cliente reenergize o resistido. Esses são os momentos em que Perls trabalha com sua própria energia, emprestando-a, até que a energia própria da cliente volte a pulsar. São essas, exatamente, as passagens mais terapêuticas, dado que fomentam atitudes e comportamentos inusitados da cliente.

No restante do tempo, nos campos em que o movimento de Jane é mais fluente, o trabalho desenvolve-se tendo como fonte a energia dela mesma.

Focalização

Perls é quem zela pelo foco do episódio inteiro. A cliente fica entregue à sua condução, no sentido de que é ele quem tem o *controle* da direção a seguir a cada momento. Também dosa o experimento, avalia *se* e *quando* há suficiência em cada etapa.

O foco é móvel. Há 12 focos ao todo. No entanto, sem exceção, os miniepisódios focais parecem servir a uma temática central.

Construção de autossuporte

Em nenhum momento se identifica um trabalho de posicionamento do psicoterapeuta com a finalidade de construir o seu suporte.

Surgem alguns miniepisódios de construção de autossuporte em Jane.

No início, Perls interrompe o relato do sonho para pesquisar sobre o estado de Jane e dedica algum tempo a isso.

Conforme se observa pela transcrição, tratou-se de um trabalho ao mesmo tempo de autossuporte e de averiguação do apoio ambiental possível.

Mais adiante, no momento em que Jane se perde (diante do sentimento de vazio), Perls intervém para pesquisar também o que ela experienciava.

Na construção de autossuporte prioriza-se a propriocepção. Diante de hesitações, discursos entrecortados, reticências, pausas e semelhantes, Perls indica ao cliente a auto-observação dos sentimentos e das sensações presentes.

O miniepisódio com as mãos também pode ser considerado de autossuporte, dado que contribui para que o cliente perceba a linguagem corporal e oferece um critério para a avaliação da coerência entre manifestações gestuais e o discurso verbal.

Tema

Muitos temas surgem ao longo do episódio. Acredito que leitores diversos poderiam assinalar a presença de múltiplas temáticas. Perls, no entanto, aguarda até o último terço do trabalho para assinalar a presença de um motivo (momento em que aponta a existência de necessidades infantis). O psicoterapeuta certamente não parece interessado em desenvolver uma tematização do material, ou seja, não se dedica a conversar com o cliente sobre o assunto, nem a consultá-lo sobre ele, exceto pela vivência experimental.

Escolha do experimento

Perls opta por propor a identificação de Jane com elementos do sonho, sempre pareados, para estabelecer um diálogo entre polos ou entre o sonhador e alguns aspectos do sonho.

Identificado o tema do episódio (dependência infantil *versus* autossuficiência adulta), Perls propõe o diálogo entre os opostos.

Insight e conclusão

Tem início quando a Jane infantil consegue formular um pedido claro e dirigi-lo à Jane atrevida. Entendo ter sido um diálogo entre a criança Jane, por um lado, com necessidades infantis, temores e ansiedades e, por outro, a imagem da mãe personificada na Jane atrevida. Isso não é assinalado, nem se explicita a leitura feita por Perls.

Com base nesse fato, Perls enfatiza a repetida afirmação do pedido. Não há um processamento compreensivo mais aprofundado, nem uma tematização do episódio. Não se reassinala a temática em jogo (a polaridade que estava sendo trabalhada).

Chama-me a atenção, também, o fato de que não se faz nenhuma ligação entre o final do experimento e o sonho relatado. O sonho parece não merecer atenção como tal. É um mero pretexto, ou ponto de partida, para a realização do experimento.

Finalidade do trabalho

O trabalho desenvolve-se como uma pesquisa voltada para a identificação de polaridades. Aquelas encontradas na investigação vão sendo vistas e revistas valendo-se de vários ângulos, até que sejam condensadas numa única polaridade central, sobre a qual incide o experimento na fase final.

O experimento se desenrola nos moldes de um diálogo entre os polos. Faz-se o cliente desdobrar-se em um e outro polo para possibilitar a interlocução. A finalidade é induzir o polo desprivilegiado a conquistar a devida escuta e aceitação pelo polo privilegiado.

Vínculo entre psicoterapeuta e cliente

O psicoterapeuta coloca-se como diretor do trabalho e o cliente segue suas instruções. Ele é extremamente atento a toda e qualquer interrupção ou hesitação no discurso do cliente e procura pesquisar o que ocorre nesses momentos. Observa os gestos, o tom de voz, as sutilezas de comunicação e utiliza as suas percepções para realizar o experimento. É moderado, porém persistente no trato com as resistências; conquista a aquiescência do cliente "com jeitinho". Ao longo do experimento, dá acesso ao cliente e a alguns dos pensamentos que lhe ocorrem, permitindo-lhe participar indiretamente não da direção do experimento, mas das ideias que orientam o psicoterapeuta.

A atitude de Perls para com Jane é compassiva e encorajadora, chegando a ser "maternal" em alguns momentos de maior dificuldade (Jane resiste a entrar na piscina; Perls dá a mão a ela e entra junto). É paciente e maternal também no sentido de que "corta o bife para Jane" quando ela não sabe o que fazer com o bife inteiro (ver episódio com as mãos). Jane sensibiliza-se com essa atitude e segue os caminhos propostos. Em suma, Perls ocupa o papel de mãe continente da menina infantil, ao contrário da mãe personificada pela Jane atrevida, que é ameaçadora e punitiva.

Diretividade das intervenções do psicoterapeuta

As intervenções, na grande maioria, destinam-se a instruir, esclarecer instruções e assegurar o seu cumprimento. Poucas são de cunho teórico.

Não se observam influências diretas no plano dos valores e das decisões da pessoa. As interferências limitam-se ao âmbito estrito do conteúdo que emerge espontaneamente em Jane e servem para lhe instrumentar a percepção.

Recursos terapêuticos utilizados

Identificação com elementos do sonho; diálogo entre as partes; conscientização das mãos; informações teóricas; diálogo entre o sonhador e um elemento do sonho; diálogo entre polos de polaridades significativas, ambos personificados pelo próprio cliente; expansão de uma comunicação feita no contexto do experimento para o contexto grupal, presente.

O experimento propriamente dito

Considero que o experimento se inicia quando, após o episódio inicial de suporte pessoal e ambiental, Perls solicita a Jane que lhe conte o sonho.

- Relato do sonho. Na maior parte, é feito no presente do indicativo. Consiste na descrição das ações da sonhadora. Trata-se de uma visita à casa dos pais, acompanhada de ansiedade e medo. Ninguém atende a seus chamados, quando entra na casa. Procura pelas pessoas e acaba encontrando os esqueletos dos pais na cama; sacode-os. Menciona que o sonho tem-se repetido, com a novidade de que ultimamente se encorajou a sacudi-los. Detalhes: lance de escada com 60 degraus para chegar à casa; a cada passo, o medo se acentua; há carros, o que indica a presença dos familiares em casa. Perls intervém a certa altura. Não fica claro se Jane teria ou não concluído o relato quando isso ocorre.
- Perls começa a sugerir o que parece ser uma identificação com uma parte do sonho, mas interrompe a proposição antes de completá-la; formula uma pergunta a Jane de um modo que lhe possibilita retomar o relato no ponto de interrupção e desenvolvê-lo um pouco mais. A passagem leva a crer que Perls se dá conta de que Jane ainda teria o que dizer.
- Jane responde à pergunta e detalha um pouco mais o que parece ser a conclusão do sonho. Nesse trecho, Jane interage com os esqueletos, gritando para que despertem, e não obtém resposta.
- Perls instrui Jane a retomar o início do sonho e indica uma passagem de onde principiar: o momento em que ela entra na casa. Com isso, desconsidera a parte do sonho que fora relatada primeiramente. O início, para Perls, não coincide com o de Jane. Caso Perls tivesse dado uma instrução mais genérica (*volte ao início do sonho*), poderíamos identificar o que seria para Jane o começo do sonho. Chama-me a atenção o fato de que o trecho desconsiderado por Perls era exatamente o que fazia referência aos sentimentos que a sonhadora experimentava. Isso evidencia que o psicoterapeuta é quem elege o elemento a ser focalizado.
- Jane acata a proposição de Perls do modo como foi formulada. Dessa feita, descreve uma cena ausente no primeiro relato e fala da sua experiência. Há grande detalhamento e minuciosa descrição, com referência a dados captados pelo olfato, pela visão e pela audição. Descreve a cozinha, com cheiro de mofo, como se não fosse limpa havia muito tempo, e seu quarto, limpo e em ordem. Aparece, então, uma polaridade: o

limpo e o sujo. Outra polaridade aparente é o contraste entre o antigo (barulho de crianças) e o atual (silêncio). Embora não receba destaque no discurso, a dimensão *tempo* tem grande peso no contexto onírico. Tudo sugere abandono e falta de vitalidade.

- Jane repete o final da instrução (ecoa); em seguida, assume o papel da cozinha e fala sobre si na primeira pessoa. Detalha brevemente a descrição feita antes. Surgem contrastes entre o atual (hoje) e o costumeiro (normalmente).
- Perls propõe que Jane desempenhe o papel de quarto.
- Jane ecoa, novamente, repetindo o final da instrução. Expressa que não sabe como dialogar com a cozinha. O ecoar, da forma como o percebo, é uma pausa que Jane se permite para organizar-se. Ela ritualiza a entrada na nova etapa. Torna seu o discurso do outro, quem sabe na tentativa de imaginar-se menos submetida ao outro. Se o discurso é seu, tudo se dá como se as leis fossem de sua autoria.
- Perls sugere uma tonalidade afetiva (de orgulho) para a fala de Jane. Perls percebeu a polaridade limpo-sujo como uma oposição vaidosa da limpeza do quarto de Jane à sujeira da cozinha da família. Observando-se o conteúdo verbal, contudo, tanto o quarto quanto a cozinha parecem estar em condições semelhantes. É verdade, no entanto, que a forma como Jane se expressa sugere que ela concebe, sim, algum tipo de oposição. É possível que Perls tenha percebido algo no colorido da fala, na postura e assim por diante. De modo mais objetivo, é verdade que a cozinha é um cômodo coletivo, enquanto o quarto é uma dependência privativa da casa. E ambos se encontram desabitados.
- Jane assume a voz do quarto e fala na primeira pessoa. Restringe-se a equiparações e equivalências entre o quarto e a cozinha. São iguais em muitos aspectos: estão em ordem, cheirando a pó, diferentemente do costumeiro. Faz referências ao medo e ao mal-estar. Fala de um oco, um vazio: um som emitido ecoa. Eis o sentido simbólico de Jane ecoar Perls: o som que ele emite ecoa em seu vazio.
- Perls sugere a inversão de papéis.
- Jane, no papel de cozinha, descreve-se vazia também. O discurso se interrompe com um "ai", sugerindo a presença de um sofrimento.
- Perls pesquisa o que ocorreu. O sentido da pesquisa é fazer a pessoa acompanhar muito de perto o fluxo dos seus sentimentos.

- Jane se refere a uma sensação de vazio. Pode estar falando no papel de cozinha; pode ter-se ausentado da dramatização, pelo impacto da sua fala.
- Perls repete o que Jane disse, mudando o significado. Jane dissera: "Eu me sinto vazia", e Perls diz: "Você sente o vazio agora". Sugere que ela fique com o vazio, para entrar em contato com ele, sem evitá-lo.
- Jane fala de ter perdido a sensação. Não a experimenta agora. Ficou impactada emocionalmente e... deu branco. Assemelha-se à vivência de vertigem diante do súbito confronto com um dado inconsciente.
- Perls sugere que ela mantenha contato com o que sente no momento. A proposição propicia que a pessoa descreva sensações e sentimentos.
- Jane refere-se à mesma sensação de ansiedade.
- Perls tenta esclarecer a afirmação de Jane: "Quando você é a cozinha? É isso?" Assim, ele não pesquisa mais a fundo o sentimento de ansiedade e devolve Jane para a identificação com o elemento do sonho. Limita-se a conferir se o seu entendimento procede.
- Jane confirma e retoma a identificação com a cozinha. Mal reinicia e parece dar-se conta de que fugiu à consigna original. Hesita na maneira de retomar o procedimento. Suponho que Jane estivesse se dirigindo ao grupo ou a Perls quando falava como cozinha. O dar-se conta de que deveria estar-se comunicando com o quarto parece indicar que há um representante de Perls, interno a Jane, lembrando-a de manter-se fiel à tarefa. A própria expressão usada por Jane (literalmente, "espera-se de mim que [...]") indica que ela se propõe a manter-se na expectativa de Perls: seguir a consigna. Indica, também, que ali está uma pessoa talvez habituada a manter-se rente às expectativas ambientais.
- Perls auxilia Jane em sua hesitação ou dificuldade, sugerindo que interaja com o quarto. Parece estar de acordo com a ideia de que ela retome a tarefa. Nesse miniepisódio, Perls dá relativa atenção ao sentimento de vazio que ocorre a Jane e também à interrupção que surge a seguir ("perdi"), mas favorece rapidamente o retorno à situação de diálogo entre as partes do sonho. Perls valoriza que todo sentimento ou experiência interna sejam *comunicados* a um interlocutor. Esse procedimento deve envolver um pressuposto ou entendimento *a priori*, talvez o de que a experiência vivida precisa ser devolvida ao movimento extrovertido. Comunicar um sentimento ao outro tem o valor de comprometer-se com ele; vale por uma documentação que atribui verdade e solidez ao sentimento.

- Jane segue a indicação de Perls e volta a se comunicar com o quarto no papel de cozinha. Descreve o que ocorre na relação da mãe consigo e assim indica uma estranheza: algo habitual, corriqueiro, não está presente no momento. Descreve a mãe como alguém que a um só tempo participa muito da vida da cozinha (dando atenção), mas não cuida da limpeza e da arrumação por estar sempre muito ocupada, ou seja, prioriza alguém mais. A estranheza se refere ao fato de que a cozinha está limpa e em ordem (cuidada, portanto), porém não tem recebido a atenção costumeira, isto é, há certo descuido. Surgem duplicidades: se há ordem, há abandono; se há presença, não há cuidado. O cheiro de mofo corrobora a ideia de abandono. Com isso, a "cozinha" é vista como morta.
- Instrução de Perls para que repita a última sentença algumas vezes, a que Jane atende. Não se pode precisar qual o critério utilizado por ele na escolha da frase a ser repetida. Trata-se de uma afirmativa na primeira pessoa, descritiva de um estado, a qual, no contexto da fala anterior de Jane, representa uma síntese.
- Interrogação de Perls pesquisando como ela experiencia a morte. Novamente, remete-a à experiência sensorial (intensificação da *awareness*) e ao plano dos sentimentos.
- Resposta de Jane formulada de forma negativa e genérica, sem descrever coisa alguma. Prefere afirmar que não é ruim, mas também não diz que é bom. Há uma ausência de sentimento e uma impossibilidade de avaliar. A morte é uma ausência das funções conhecidas da consciência, ausência de controle.
- Dupla instrução de Perls, para que Jane fique como está e se dê conta das suas mãos. Não fica claro o que Perls quer quando pede a Jane que fique como está. Talvez se refira à sua postura corporal, gestual; talvez sugira que ela não perca de vista a sensação de "estar morta". Mudança de foco. Pergunta o que as mãos estão fazendo, o que exige uma resposta descritiva. A resposta indiferenciada de Jane pode ter modificado a direção dos olhos de Perls, levando-o a pesquisar o mesmo fenômeno de um novo ângulo.
- Jane descreve a posição de cada uma das mãos, expondo uma polaridade: uma está aberta; a outra, cerrada.
- Nova pergunta de Perls, pesquisando qual a prontidão ou a tendência de movimento da mão direita (aberta e trêmula). A pergunta pressupõe

que a posição tem *vontade* ou *intenção*. Perls parece interessado em identificar qual a polaridade "certa", isto é, qual polaridade contém a temática central do sonho. O depoimento de Jane no papel de cozinha trazia um material bastante magnético e interessante, imbuído de grande carga emocional, dando importantes informações sobre a relação dela com a mãe. Desde o início do episódio terapêutico já se delineava essa temática, quando Jane destaca a figura da mãe no contexto do sonho. Perls, porém, não opta por uma metodologia tematizadora e de investigação do plano das relações. Busca, antes, polaridades intrapsíquicas relevantes. Daí a mudança de foco e a tentativa de localizar uma polaridade na posição das mãos. Quanto à pergunta feita, o pressuposto é que o corpo sabe o que escapa à percepção da pessoa. Em inglês, a pergunta tem um duplo sentido: pode estar investigando algo ligado ao agora, ao momento presente ("O que sua mão está fazendo agora?"), e pode estar pesquisando algo ligado ao futuro imediato ("O que sua mão está prestes a fazer?"). Parece ser esse segundo sentido o que pretende a pergunta de Perls.

- A resposta de Jane relativiza o que está ocorrendo. Não é a primeira vez que ela reage assim. Reações relativizadoras são tentativas de diminuir a importância ou reduzir a intensidade de vivências que, se experienciadas em estado natural, seriam insuportáveis. Grandes emoções são minimizadas ou neutralizadas por Jane, como se ela não pudesse tolerar certas intensidades. Perls não assinala esses movimentos defensivos. Antes, ele procura mudar de foco, talvez em busca de uma região emocional que não requeira tantas defesas.
- Perls não se contrapõe à defesa de Jane nem a assinala. Ao contrário, acata (absorve de bom grado) a resposta e insiste na pergunta original, ampliando-a. Formula uma pergunta mais específica e tem uma atitude quase maternal em relação a Jane, dando as mãos a ela, já que sozinha ela não pode ir. Ele substitui uma pergunta genérica por uma série de perguntas de múltipla escolha, o que facilita o trabalho de Jane. É como se ele dissesse: "Está bem! Sua mão não quer tremer. Que mais, além disso? Ela quer parar? Quer se estender?" A atitude de Perls é de apoio. A um só tempo, ele acata a dificuldade de Jane e a incentiva a prosseguir o experimento. Acredita que é por aí. Continua, dizendo que não consegue decodificar os sinais que o gesto

emite. Inclui-se na experiência, portanto. E solicita que Jane dê continuidade ao movimento corporal. Jane o faz e ele interpreta o movimento da mão. Em seguida, pergunta o mesmo em relação à mão esquerda. Trata-se de um breve episódio de ensino e treino, para garantir o cumprimento da tarefa. Os experimentos parecem válidos e os resultados costumam agradar aos clientes. No entanto, há um requisito para a sua eficácia: *o cliente falar a linguagem dos experimentos* inventada por Perls.

- Jane descreve o movimento da mão esquerda em comparação com o da direita, valorando positivamente a segunda.
- Instrução de Perls para que Jane inverta o que as mãos estão fazendo. A instrução é clara, detalhada e exemplificada. Uma instrução nesses moldes retira a pessoa do habitual, desorganizando a ordem vigente. A neurose envolve a cristalização de posições e a polarização de opostos. Perls propõe a súbita inversão do padrão neurótico, para romper as estruturas do cristal. Não se percebe se ele está testando (experimentando, examinando) algo, ou se acredita estar operando alguma modificação mediante a inversão.
- Recusa de Jane. Diz que a mão esquerda não quer se estender. São sutilezas da resistência.
- Perls pergunta qual é a dificuldade em estender a mão esquerda. Em outras oportunidades, propõe que se acentue a dificuldade e que o cliente fale sobre o que experimenta. Desta feita, ele está examinando a dificuldade.
- Resposta de Jane. Descreve as diferenças entre os gestos, sugerindo que a inversão contrariaria o movimento natural das mãos. Propõe-se a fazer o que é pedido, mas... confirma a resistência.
- Perls finaliza a fala de Jane: "Seria artificial" — e Jane concorda. Perls insiste em que Jane estenda a mão esquerda, pedindo com jeitinho. Inclui uma novidade: "Estenda a mão até mim". Jane faz o gesto e suspira. Perls pergunta o que aconteceu. Ao incluir-se no experimento, ele se coloca como um objeto interacional para o gesto de Jane.
- Jane responde. A mão esquerda começou a tremer e ela parou, obviamente antes que alcançasse Perls. O desejo não pôde ser realizado.
- Instrução de Perls para que Jane faça um diálogo entre a mão direita e a mão esquerda na posição em que estavam de início. Oferece um

modelo. Essa instrução indica que o episódio anterior foi dado por concluído ou que a polaridade deve ser trabalhada de outra forma.

- Jane faz o diálogo. Reafirma-se a polaridade surgida anteriormente: liberdade, relaxamento e bem-estar *versus* tensão, contração e machucar-se. Ao final, uma interjeição.
- Perls pergunta o que houve. Jane diz que se machucou mesmo (quando tensionou as unhas contra a palma da mão).
- Perls dá uma informação de cunho teórico a Jane. Comenta que isso é o que geralmente ocorre, e não sabe se é o caso de Jane. Sugere que ela verifique se a teoria se aplica a ela. Diz que a mão direita corresponde à parte masculina e a esquerda, à feminina de uma pessoa. Classifica a parte masculina como agressiva, ativa, expressiva, e a feminina como sensível, receptiva e aberta. Com isso, Perls explicita algumas das ideias que orientam suas pesquisas com o cliente. Se, por um lado, ele distancia a cliente de sua vivência emocional ao interromper o trabalho com uma observação teórica, é também verdade, por outro lado, que ele dá a transparecer os pilares em que se apoia seu raciocínio. Isso permite que se reduza, na percepção da cliente, o poder atribuído ao psicoterapeuta.
- Jane parece ter aproveitado o comentário de Perls e o que diz indica que a teoria se aplica a ela. Identificou-se, então, uma polaridade importante quando ele recorreu à teorização. Acho que seria mais apropriado dizer, apesar de concordar com Perls, que o que se expressa em Jane é mais o *animus* que exatamente o masculino, dado que ela pode estar sob a influência e o domínio dos *animi* patriarcais veiculados a ela pela mãe ou decodificados por ela naquela direção, como padrões de comportamento e conjunto de valores vistos como desejáveis e aceitáveis.
- Perls não desenvolve o foco além disso. Interrompe o trabalho com as mãos e com a temática nomeada para mudar de foco. Não entendi por que ele desiste precisamente quando a polaridade foi identificada. Bastou isso? Não é necessário fazer nada com ela? A parte reflexiva da elaboração fica por conta do cliente? Instrui Jane a fazer o diálogo com o silêncio que ela encontra ao entrar na casa. A palavra silêncio é introduzida por Perls; Jane não a utilizara antes. Trata-se, portanto, não de um diálogo entre partes do sonho, mas entre o sonhador e uma dimensão presente no sonho, percebida e nomeada pelo psicoterapeuta.

- Jane repete sinteticamente o que Perls diz (ecoa e tenta compreender). Perls repete a palavra silêncio, confirmando-a. Jane pergunta se ela deve ser o silêncio. Novamente se evidencia a importância das instruções e a sua consecução correta. Jane procura entender o que se pede a ela. O vaivém entre instruções e texto espontâneo requer do ego uma elasticidade muito grande. São movimentos de soltura e organização, sintonia com o outro/com o mundo e sintonia consigo numa dança de retenção e expansão constante. Vejo benefícios: a prova de realidade protege o cliente de eventuais invasões do inconsciente e contrabalança a franca permissão para o desejo. Não estamos num delírio; estamos num contexto zelado e protegido.
- Perls recapitula um trecho do relato do sonho, utilizando-se de uma terminologia diferente da de Jane, a título de clarear a instrução.
- Jane inicia por exprimir ao silêncio o que ele faz com ela ("Você me incomoda"). Em seguida, muda de interlocutor e fala *sobre* o silêncio ("O silêncio me incomoda"). É como se ela se tivesse constrangido com a possibilidade de que entendessem que o seu sentimento se referiu a Perls ou ao grupo, os supostos causadores do seu incômodo. Faz sentido pensar que as intervenções a incomodam, pois atuam sobre suas defesas.
- Perls instrui Jane de um modo que garanta que o silêncio seja o interlocutor, não o verbalizador.
- Jane utiliza um recurso: antes de iniciar, diz onde o silêncio está sentado e então procede a um breve diálogo. Neste, bem como em momentos anteriores, ela sente a necessidade de estruturar a cena, ou seja, de assimilar o controle da situação de volta às suas mãos, como quem age para se proteger do suposto domínio de Perls. Ele deixa "a cozinha" apenas parcialmente limpa; sente a necessidade de deixar tudo bem arrumadinho. Os ecos cumprem em parte a mesma função. O que Jane expressa ao silêncio é um sentimento de não gostar. Não gosta de não ouvir, nem de ouvir algo no silêncio. Percebo o silêncio como algo associado à meiguice feminina, com a qual ela sente dificuldade; o contrário do silêncio é a bocuda masculina, com que ela está acostumada.
- Perls intervém, em busca da troca de papéis para consultar qual é a resposta do silêncio.
- O hábito da cultura familiar é o falatório — os bocudos, um traço valorizado. Consequentemente, a meiguice é temida, talvez por ser

desqualificada. O silêncio denuncia o medo de Jane. Ela inverte os papéis e confirma o temor.

- Perls intervém, sugerindo que Jane entre uma vez mais na casa e volte a dialogar com o silêncio. Pede que retorne ao sonho. Com isso, retoma o controle da estrutura da situação.
- Jane retoma o contexto do sonho, exprimindo o que ela *quer*, em lugar do silêncio. Dizia que queria ouvir os pais rindo e falando, quando Perls intervém.
- Perls instrui Jane a comunicar isso aos pais, o que implica uma mudança de foco. Novamente aparece uma situação em que um desejo é levado ao plano de interação. (Sentimentos, desejos, opiniões etc., quando surgem, motivam uma intervenção de Perls que remete à interação. Devem ser comunicados aos interlocutores a que se destinam. Perls valoriza a *expressão* desses conteúdos em forma de diálogo e interação com os respectivos destinatários, mesmo que em situação de *role playing*.)
- A intervenção faz surgir uma emoção em Jane. Em diálogo com os pais, ela expressa o que quer e o que sente (quer ouvi-los; sente saudade). Começa a chorar e expande sua comunicação, dizendo não conseguir desapegar-se deles. A comunicação de um sentimento realmente promove, a um só tempo, o contato com o sentimento e o emergir do colorido emocional que o acompanha. A impressão que se tem é que, ao alcançar esse plano, uma das metas almejadas pelo psicoterapeuta foi atingida.
- Surge uma instrução de Perls para que se modifique o sonho. Normalmente, ele apenas pediria aos esqueletos que falassem em resposta a Jane. Dessa vez, quer romper com a impotência de Jane diante da tentativa de contato com os pais-esqueletos, quer interferir no sonho.
- Jane repete a última fala de Perls, tentando compreender o que ele lhe pede. Perls procura esclarecer, retomando aspectos do relato de Jane, o que provoca nela uma interjeição de medo. E complementa dizendo que quer que Jane tenha êxito, isto é, consiga, enfim, despertá-los. É uma autorização para modificar o rumo habitual do sonho recorrente.
- Jane revela estar confusa, sem saber o que Perls quer, e para de chorar. O procedimento experimental requer do cliente a habilidade de oscilar entre a emoção e a obediência. O cliente tem de ficar ligado a dois canais: ele próprio, suas emoções e vivências, de um lado, e Perls,

suas instruções e seus comandos, de outro. Um canal é experiencial; o outro é mecânico e técnico. A confusão de Jane pode dever-se à falta de clareza na instrução de Perls, como também ao fato de precisar manter uma dupla sintonia, sendo ambas de natureza diferente e, creio, incompatíveis em alguns momentos, principalmente aqueles em que um dos canais envolve uma solicitação mais contundente à pessoa. É este o caso. Ela estava emocionada, e a confusão das instruções a retira disso. A ideia do experimento é interessante, mas requer do psicoterapeuta uma habilidade artística que lhe permita, num momento desses, não atrapalhar o fluxo emocional do cliente. Requer do cliente, por sua vez, um relativo automatismo na obediência às instruções e uma sintonia fina com as próprias emoções, os desejos e assim por diante.

- Intervenção de Perls para clarear a instrução, nos mesmos moldes da anterior.
- Jane parafraseia Perls para verificar se o compreendeu.
- Perls confirma e completa, dizendo que Jane disse algo que não disse.
- Jane diz o que realmente disse.
- Afinal, Perls dá uma instrução inteligível a Jane: "Fale com eles". Um episódio desnecessariamente longo, causado pelo floreio que Perls faz ao propor a modificação do sonho.
- Jane atende, pedindo aos pais que acordem. (Perls a instrui a repetir a fala diversas vezes.) Jane aumenta o tom de voz e, quase chorando, constata que não respondem.
- Perls insiste em que Jane os faça falar. Incentiva-a a fazer uma farsa, ou seja, adulterar o conteúdo do sonho a seu bel-prazer. Dá-lhe permissão para interferir na "realidade" do sonho, bagunçando, assim, as arrumações conservadoras de Jane. É provável que Jane se sentisse mais confortável com a fantasia do silêncio dos pais, um silêncio que, magicamente, guardaria a possibilidade de uma redenção. Se os faz falar, a fantasia se restringe a uma única possibilidade, o que a atemoriza.
- Jane acata a indicação e responde pelos pais, na primeira pessoa do plural. Chora. No depoimento dos pais, surge a acusação de que não se teriam tornado esqueletos se Jane não tivesse ido embora. De alguma maneira, gostaria de culpá-los pelo seu sentimento de vazio/morte; projetivamente, inverte a situação e julga-se (pela voz dos pais dramatizados) culpada de suas mortes. A inversão pode ser

um subproduto da consigna de Perls (literalmente, ele diz a ela que *reverta* o sonho).

- Instrução de Perls para inversão de papéis. (Retomou-se o automatismo e a simplicidade do canal "instruções", sem prejuízo do canal "emoção" do experimento.)
- Fala de Jane reconhecendo que saiu de casa cedo demais e não consegue de todo desapegar-se (emocionada, quase chorando). Toma para si a responsabilidade por sair de casa, quando talvez desejasse acusá-los por um abandono.
- Instrução de Perls influenciando o conteúdo da fala de Jane. Ele interpreta a intenção subjacente da comunicação de Jane como confissão de que necessita os pais. Diz a ela que verbalize isso. Destaca a comunicação de uma necessidade, algo mais maduro do que a atitude da vítima.
- Jane segue a instrução à risca.
- Instrução para que Jane detalhe sua comunicação, especificando para os pais qual é a necessidade.
- Jane segue a instrução. Usa o discurso indireto. Revela que precisa que a mãe a abrace. Ser abraçada é o que a mão direita queria fazer. Na realidade, no inglês, os verbos utilizados foram diferentes. O primeiro deles, contudo, foi da autoria de Perls quando tentava decodificar o movimento da mão direita de Jane. Poderia perfeitamente ter sido empregado o mesmo verbo que Jane utiliza para expressar o que necessita da mãe. A mão direita que se estende, como que querendo alcançar e apanhar algo, pode ser a mão da filha que pretende ser acolhida pela mãe.
- Instrução para que Jane se dirija à mãe. (Toda comunicação deve ser destinada ao objeto em questão.)
- Jane está chorando ao falar com a mãe. A comunicação assim estimulada favorece graduais aprofundamentos do contato com as suas necessidades da infância. A suspensão do controle habitual dá lugar a emoções represadas.
- Observação de que Jane não está falando com a mãe. A intervenção estimula um aprofundamento ainda maior na expressão de necessidades e interrompe o mecanismo infantil acalentado por Jane: o de que o ambiente adivinhe os seus desejos, a exemplo da condição do bebê ainda dependente.

- Reconhecimento de Jane, perante a mãe ali pré-santificada, de que uma parte sua não consegue deixá-la. O sentido de estar crescida é precoce, quer na avaliação dos pais, quer na reação defensiva de Jane. Quando os pais reconhecem o crescimento do filho cedo demais, abandonam os aspectos infantis que, ressentidos, levam a criança a identificar-se com a projeção dos pais.
- Perls assinala que se trata da continuação da última sessão. Não fica muito claro, mas ele talvez se refira à etapa anterior do mesmo experimento, dado que faz referência a conteúdos já observados. Sugere a inversão de papéis com a mãe.
- A mãe desempenhada por Jane refere-se a estar ocupada com a criação de outros filhos. Tece uma série de apreciações elogiosas à filha que mais denotam um distanciamento afetivo, confirmando a noção de abandono. Jane soluça e o discurso fica entrecortado. A mãe dramatizada é ambígua nessa fala. Jane a percebe como alguém não continente à sua infantilidade, porém, continente às irmãs. É preterida, então.
- Perls investiga o que ocorreu quando Jane parou. Sempre que o discurso é interrompido, ele faz essa investigação.
- Jane fala de dor de barriga e frustração.
- Instrução de Perls para que Jane, no papel da mãe, comunique o que está sentindo.
- Jane segue a instrução e expande a sua fala. Acusa a filha de tê-la deixado (não ter atendido aos apelos para que voltasse). Revela-se um sentimento de impotência diante do que seria uma irreversibilidade da saída de casa. Repete-se o caráter duplo mensageiro da mãe: ela fez de tudo para que Jane não partisse. Como Jane pode ter raiva de uma pessoa tão maravilhosa? Além disso, a retirada de afeto pune um ato reprovado: *você fez o que quis; não venha agora se queixar.*
- Instrução para inversão de papéis.
- Jane afirma a necessidade de uma mãe e seu colo. Chora. Parece perplexa com as suas afirmações, por mais verdadeiras que sejam. Não está habituada a admitir necessidades. Certamente não ouço aí a expressão humilde de necessidades, mas a tentativa, quem sabe, de suscitar no ouvinte (Perls, o grupo) um sentimento de pena para com ela, vítima da cruel frieza afetiva de uma mãe-bruxa. No final da fala, já não dialoga com a mãe. Pensa em voz alta.

- Perls intervém para interromper. Assinala que Jane acordou, o que justificaria a interrupção. Ele entende, então, que Jane estava dormindo e sonhando. Sugere que ela se volte para o grupo e faz duas perguntas diferentes: quer saber como Jane experiencia o grupo, incluindo a si mesma, e se pode contar para o grupo o que precisa de uma mãe. A mudança de interlocutores pode privar a comunicação do colorido emocional tendencioso e viciado da relação com a imago materna.
- Jane ri e responde negativamente à segunda pergunta de Perls. Nada diz sobre a primeira. Consegue admitir a ele a necessidade que tem de uma mãe, mas não diante do grupo. Confessa, com isso, de que ordem é o seu movimento transferencial para com o psicoterapeuta.
- Perls acata a restrição de Jane. Propõe um diálogo entre a dependência infantil e o atrevimento, dizendo serem os seus dois polos. Com essa intervenção, sintetiza o que percebe na forma de uma polaridade.
- Jane compreende perfeitamente bem a instrução de Perls, o que indica, também, que ele estava correto na sua percepção. Entendo que o antecedente servia à identificação e ao esclarecimento de uma polaridade significativa. Jane inicia o diálogo na posição de atrevida, tendo para com a dependência infantil uma atitude crítica, desqualificadora e intolerante. Espontaneamente, ela faz a inversão de papéis. Como dependência infantil, a qualidade emocional do discurso é de persistência, de inevitabilidade, de teimosia. Ao final, há uma ameaça e um pedido: quer ser admitida e reconhecida; caso contrário, não vai parar de intrometer-se e comprometer o crescimento de Jane.
- Perls instrui Jane a repetir a última frase. É uma expressão de vontade e propósito.
- Jane repete a frase, omitindo o pedido e mantendo apenas a ameaça.
- Perls instrui Jane a repetir de novo a frase, indicando o tom emocional: com malvadeza. Tem-se a impressão de que Perls capta essa tonalidade na fala de Jane ou na peculiaridade do discurso e quer evidenciá-la.
- Jane segue a instrução.
- A Jane atrevida diz ter sempre evitado que percebessem a existência da Jane infantil. Parece entender que esse fosse mesmo o seu papel e, dramática, diz à Jane infantil algo que soa como "eu já fiz de tudo por você. O que mais você ainda quer de mim?" É a clássica fala da mãe "maravilhosa", que faz "tudo" pelos filhos e não se sente reconhecida

— coitada, tão boa! O que mais os filhos podem querer dela? Parece estar aí a representante interna da mãe de Jane, cuja qualidade de discurso já pudemos identificar anteriormente. Jane volta a inverter os papéis e responde que quer ser ouvida. O dado inconsciente se personifica e, com recursos semelhantes aos egoicos, formula um pedido.

- Perls formula uma pergunta com o intuito de influenciar o conteúdo do discurso de Jane e fazer a inversão de papéis. Quer saber se a atrevida está disposta a ouvir.
- Jane responde e emite uma mensagem verbal ("vou lhe dar uma chance") e outra corporal (gesto de ameaça com a mão direita).
- Perls intervém para assinalar a intenção subjacente à atitude de Jane. Aparentemente, Jane teria querido esconder o gesto quando flagrada. O papel do psicoterapeuta é ativo e importante, aí. Ele assinala uma disparidade entre o discurso verbal e a mensagem atitudinal.
- Jane aceita o assinalamento.
- Instrução para que Jane combine as duas coisas: que dê uma chance e faça uma ameaça. Com isso, a ambiguidade fica transformada em ambivalência.
- Jane inicia o discurso com um gesto das mãos, chamando.
- Perls interpreta o gesto.
- Jane atrevida retoma o discurso; é conciliadora, num primeiro momento, e ameaçadora a seguir. Prevalece, contudo, o tom de ameaça, e uma ausência de doação, de disponibilidade (é o que Perls parece assinalar no passo anterior). Isso provoca risos no grupo. No final da fala, um dado curioso: *quem não deixa quem crescer?* Jane já assumiu, aí, um tom jocoso e gozador. Deixa dúvida no ar, aparentemente bem-humorada.
- Instrução para inversão de papéis.
- Jane infantil afirma sua infantilidade no propósito de permanecer assim.
- Instrução para repetir a frase. Manifestação de intenção, propósito e desejo.
- Jane repete apenas a última frase.
- Instrução com modelo para repetir a penúltima frase ("eu não quero crescer"), o que ocorre diversas vezes. A cada oportunidade, Perls pede que Jane fale mais alto. A voz de Jane enfraquece.

- Instrução para que Jane fale o mesmo com o corpo todo. Intensificação, exacerbação da expressividade, o que vitaliza o conteúdo e imprime-lhe uma qualidade de mais duradouro.
- Jane repete e expande o discurso com ênfase, usando até um palavrão. Chora e suspira.
- Instrução para inversão de papéis.
- Jane atrevida mostra-se todo-poderosa e capaz e cobra o mesmo da Jane infantil. A mãe mostra à filha que está nunca estará à sua altura. Convida e impede ao mesmo tempo. Jane inverte os papéis e responde com humildade.
- Instrução de Perls que influencia a continuidade e o conteúdo da fala da Jane infantil. Pede-lhe que especifique um detalhe de conteúdo.
- Jane formula um pedido claro, com começo, meio e fim, inteligível e representativo da necessidade pesquisada. Esta é a *fala nova* do experimento, que envolve um alívio de tensão.
- Instrução para repetir, a que Jane atende, quase chorando. Perls repete a instrução e pergunta se Jane pode dizê-lo sem chorar. Jane atende. O propósito é enxugar a comunicação dos fatores emocionais perturbadores que a comprometem.
- Instrução para que Jane diga o mesmo ao grupo. Com isso, Perls contribui para que a experiência interior se expanda para o ambiente: Jane requer de si mesma uma atitude e requer a mesma atitude do ambiente. Jane atende.
- Instrução para que Jane diga o mesmo ao noivo, ali presente.
- Jane atende. Diz só uma parte da frase e completa: "Você sabe". Parece encontrar no noivo a atitude solicitada. Para Perls, não basta um *insight*. É necessário que ele seja transformado em *comunicação interacional*. É como se essa comunicação fosse vista como algo capaz de dar autenticidade e concretude à descoberta.
- Pergunta de Perls — "Pegou? —, a que Jane responde afirmativamente. Concluiu o intento da mão direita.
- Perls encerra com um Ok.

O sonho de Jane (II)

Transcrição do episódio

Jane: Na noite passada tive um sonho que eu gostaria de trabalhar. Estou em um parque de diversões, e é muito barulhento, e é muito movimentado… E eu estou andando no meio das pessoas e trombando com elas e elas trombam comigo e não estou me divertindo. E eu seguro a mão do meu irmãozinho pra ele não se perder. E andamos no meio daquela gente, e ele diz que quer ir naquele… Hum… naquele brinquedo onde as pessoas ocupam uns assentos e entram por um túnel. E… numa…

Fritz: Outra vez aquela coisa do *e*. Você diz *e*, *e*, *e* como se tivesse medo de deixar os fatos falarem por si.

J: Tá. Aí, a gente não tinha dinheiro… a gente não tinha dinheiro pra pagar o brinquedo. Eu tiro um relógio do pulso, dou pro meu irmão e digo pra ele perguntar pro homem da bilheteria se ele aceita o relógio como pagamento dos nossos ingressos. Ele volta e diz que o homem não quer aceitar o relógio, então vamos entrar furtivamente.

F: Ok. Vamos retomar o sonho desde o começo. Desta vez não é você quem sonha. É o seu irmão.

J: *[mais impetuosa]* Bem, a gente está nesse parque e é um barato, só que a minha irmã fica segurando a minha mão. Ela me aperta o pulso pra eu não me perder. Ela está comigo… ela está me segurando bem apertado no pulso, e eu quero… eu quero que ela me solte. Eu não estou nem aí se vou me perder. Mas ela fica preocupada, então eu deixo ela me segurar. Tem um brinquedo que eu quero ir. Pra mim tanto faz se ela vai junto ou não, mas eu sei que ela não vai me deixar ir se não for também, se não estiver junto. Ela não… ela não quer ficar sozinha… A gente está sem dinheiro pra ir no… pra ir no brinquedo, e ela me dá o relógio dela. Fico feliz que… que a gente tem um jeito de entrar. Eu vou até o homem da bilheteria e não adianta, mas eu quero muito ir no brinquedo.

F: Diga isso de novo.

J: Eu quero muito ir no brinquedo.

F: De novo.

J: Eu quero muito entrar no brinquedo.

F: De novo.

J: *[mais alto]* Eu quero muito ir no brinquedo!

F: Não me convenceu.

J: Aaah... Não eu; meu irmão é quem quer *[ri]* Hum. Eu quero muito ir naquele brinquedo, Jane. Quero mesmo... Com ou sem você, mas eu quero ir. É *divertido.* Então me dê o seu relógio... Daí ela me dá o relógio. O moço não aceita. Jane! A gente vai entrar escondido. Ela não gosta disso. Bom, então *eu vou* entrar escondido. Ah, você não quer me largar, então você também vai. Tá bem. Então a gente vai. Só que, em vez de *você* pegar a *minha* mão, eu vou pegar a sua mão, porque vou ajudar você a entrar escondido. Então fique firme e passe por baixo do portão. Eu sou baixinho, eu sou pequeno...

F: Interrompa agora. Feche os olhos. Preste atenção nas suas mãos.

J: Hum. Minha mão direita está parada, muito rija. Está apontando. Minha mão esquerda está tremendo e está... está aberta. Está... hã... as duas mãos estão tremendo. As duas estão tremendo. E eu sinto os joelhos e os tornozelos duros, rígidos. E não sinto aquele peso no peito que eu sempre sinto. Mas me sinto pesada na cadeira, e a minha mão direita está apontando. E agora...

F: Quando você recolheu a mão direita, percebi que ela é o irmão e a esquerda é Jane.

J: Hum... Esqueci onde eu estava. Eu sou Jane. Ah, a gente vai... é... Eu vou entrar escondido. Estou com muito medo, mas com mais medo de perdê-lo do que de entrar e ser pega. Então eu pego a mão dele e... Eu pego a mão dele...

F: Espere um pouco. Qual é o nome do seu irmão?

J: Paul.

F: Ainda é o Paul quem está sonhando.

J: Ah, tá bem. Então segure a minha mão. Eu sei o medo que você tem dessas coisas, mas eu também sei o medo que você tem de eu me perder, então eu dou um jeito de você entrar comigo, porque eu quero entrar escondido nesse brinquedo. E eu adoro me divertir, e vou me divertir se você tiver medo e se não tiver. Então a gente passa por baixo das grades, por entre as pernas das pessoas que entram e saem, pelo homem que pega os ingressos...

F: Você não me convence. Você não entra no sonho. Sua voz está aaaahrrrr...

J: Minhas pernas estão doendo, e a coxa está meio... Eu estou de mão dada com a Jane. A gente vai... a gente vai *[voz mais expressiva]*, a gente vai por entre as pernas das pessoas e a gente... a gente vai engatinhando, e *[vivaz, feliz]* gosto disso, gosto de fazer isso. E ela está com medo. *[suspira]* E a gente vai chegar até a porta, e passar pela porta, e ela me *puxa*, e eu *puxo* ela. Eu tento puxar ela pra dentro, mas ela resiste. Então eu agarro ela pelo pulso, como ela me pegava antes, e puxo ela, e sou menor que ela, mas dá pra fazer ela entrar, e ela está engatinhando, e eu continuo puxando ela. E a gente atravessa... a gente atravessa a porta de entrada, e eu subo no brinquedo, e eu deixo ela lá, e a tranca fecha... ela não... ela me perde. Já que entrei lá, eu vou andar no brinquedo...

F: Agora diga adeus a Jane.

J: Adeus, Jane!... Eu estou... Eu não queria dizer adeus a ela. Eu preferia me divertir... Jane fica lá, feito uma bobona. Fica parada lá, com as pernas tremendo, e eu estou cagando e andando. Eu estou cagando e andando, mesmo. É fácil dizer adeus a ela. *[risos]* Ela fica parada lá, feito boba, me chamando, chamando o meu nome. Parece meio desvairada, como se estivesse em pânico. *[indiferente]* Mas eu prefiro me divertir. Ela se vira.

F: Ok. Mude de papel de novo. Seja Jane outra vez.

J: O sonho é muito comprido.

F: Já tem tanta coisa aí.

J: Ser Jane de novo. Tá bem. Estou no parque de diversões com o meu irmão e a gente está... Acho que *não* queria mesmo estar aí, e...

F: Diga. Diga para *nós* como você se coloca...

J: O que eu acabei de dizer?

F: O seu ponto de vista. A situação está em aberto, certo? Muito clara. Lá está seu irmão e lá está você. Você quer segurá-lo; ele quer se libertar.

J: Bem, acho... acho que ele é mais novo que eu, e *é* mais novo que eu e não quero que ele... faça o que... o que eu fiz. Eu quero *[calma e hesitante]* protegê-lo, sei lá. Eu seguro ele. Acho... acho que fico tentando fazer o que a minha mãe não consegue fazer... É doido. É muito doido... Eu falo com ele. Eu digo pra ele: Paul, pare de tomar drogas e pare de andar a esmo. *[chora]* Pare de tentar ser tão livre porque você vai se arrepender. Quando você estiver com 20 anos, vai se arrepender.

Agora eu quero me colocar no lugar dele. Ele diria: como você pode me dizer pra eu não fazer exatamente o que você faz? — o que você fez com 16, 17 anos? Como pode me dizer uma coisa dessas? Não é justo. *Gosto* do que faço. Me deixe em paz. Você é... você é mesmo uma canalha. Como é que você consegue ser tão canalha, se você mesma já fez tudo isso?... *[suspiros]*

Eu... Eu estou tentando cuidar de você. Estou tentando cuidar de você, e sei que não posso... *[chora]* Eu sei que tenho de largar você, mas nos meus sonhos fico tentando me agarrar a você, e protegê-lo, porque é muito perigoso o que você anda fazendo!... Você vai se foder. *[chora]*

Mas você não se fodeu. Dê uma olhada em si mesma! Você mudou, mudou mesmo. Você não mente mais. Tanto. *[risadas]* Você não se enche de drogas mais, como antes. Eu também vou mudar do mesmo jeito. Só quero ter o direito de fazer o que tenho de fazer. Você não confia em mim, confia? Você parece a minha mãe, não confia em mim. Você não me acha forte.

F: Ok, Jane. Acho que você pode trabalhar isso sozinha. Quero fazer outra coisa agora. Quero começar do princípio. Observe sempre o começo de um sonho. Veja onde se passa, se é num carro, se é num hotel ou na natureza ou num prédio de apartamentos. Isso sempre lhe dá uma impressão imediata do contexto existencial. Então, você começa o seu sonho com "a vida é um parque de diversões". Faça um discurso sobre a vida ser um parque de diversões.

J: A vida... a vida é um parque de diversões. Você entra numa atração e sai. Entra em outra, e sai. E daí você depara com todos os tipos de pessoas, e você olha pra algumas e pra outras não, e algumas irritam e trombam com você, e outras não, outras são gentis. E você ganha prêmios no parque. Você ganha presentes... E alguns brinquedos... a maioria dos brinquedos amedronta. Mas são divertidos. São divertidos e amedrontadores. Fica cheio, cheio de gente, cheio de feições... E no sonho eu seguro alguém no parque, e ele quer entrar em todos os brinquedos.

ANÁLISE

Identificação e preparo do terreno

Não se evidencia nenhuma preocupação com esse aspecto. Perls interrompe o relato do sonho para fazer uma observação formal sobre a estrutura gramatical do relato e interpreta o que observa. Após a intervenção, surge uma modificação formal no discurso de Jane. De modo geral, a modificação mantém-se estável no discurso subsequente dela. Talvez isso possa ser visto como um breve trabalho de construção de autossuporte, consistindo, consequentemente, uma espécie de preparo do terreno para o experimento. Nada se faz do ponto de vista da temática. O cliente não é consultado a respeito de seus entendimentos, compreensões ou suposições sobre o sonho. Também não se tem acesso a nenhum tipo de associação, nem antecedentes ligados ao sonho. Sabe-se somente que foi um sonho da noite anterior. Seria possível supor que o sonho tivesse algum aspecto referente à própria situação grupal de *workshop*, mas nada é investigado, assinalado ou trabalhado de outra forma nessa direção. Perls parte para o experimento quase de imediato, o que tende a submeter o cliente a suas determinações, passivamente.

Consenso

Jane submete-se ao experimento imediatamente, o que indica a sua concordância. O discurso não convincente, desenergizado (o que Perls assinala duas vezes), porém, denota submissão sem convicção. Não parece ter cativado o interesse de Jane. Há uma tentativa de discordância quando Perls sugere a inversão de papéis, e Jane se queixa: "O sonho é muito comprido". Perls persiste e Jane, sem argumentar ou contrapor-se de outra maneira, cede novamente e segue as indicações prescritas. Em nenhum momento é feita uma consulta ao cliente sobre o seu interesse ou a sua prontidão para o trabalho. Perls é quem decide; o cliente acata. Ele é quem introduz, modifica, interrompe e finaliza o trabalho. Não há da parte de Jane nenhum questionamento ou recusa mais frontais à condução do psicoterapeuta.

Gradação

Não se percebe um cuidado com a gradação nesse episódio. O trabalho desenvolve-se em torno da proposição de experimento que Perls faz e não conforme a facilidade ou dificuldade encontrada pelo cliente. Talvez o diálogo final entre Jane e o irmão tenha parecido demasiadamente fácil para Jane aos olhos de Perls. Ele diz achar que Jane pode levá-lo adiante sozinha e propõe uma tarefa mais ampla e difícil, talvez mais desafiadora: um discurso sobre a vida como um parque de diversões. De qualquer modo, as respostas de Jane (seguir indicações) indicam que as proposições eram condizentes com as suas possibilidades.

Awareness

O assinalamento inicial de Perls também intervém em outras particularidades do discurso de Jane: a expressividade, a capacidade de convencimento emprestada ao conteúdo da fala pelo tom de voz, pela força expressiva etc. O episódio com as mãos mostra que Jane é capaz de descrevê-las, mas não surge em sua fala nada semelhante ao que Perls assinala (a correspondência entre cada uma das mãos e cada personagem do sonho).

Localização da energia do cliente

Percebo certa ambiguidade: por um lado, Jane parece devotada a relatar e trabalhar o sonho, a julgar pela quantidade de verbos de movimento (energéticos) empregada em sua fala (trombar, caminhar no meio da multidão), pela quantidade de palavras indicadoras de excitação e energia (barulhento, movimentado) e pela generosidade com que traz informações (o detalhamento e a precisão do relato). Por outro lado, parece haver certa preguiça ("O sonho é muito comprido") e/ou uma tensa contenção de energia, muito semelhantes à atitude de Jane no sonho (tensa, medrosa, insegura, controladora). Essa ambiguidade pode ser vista, na realidade, como uma ambivalência (uma polaridade) a ser focalizada com o experimento. Isso não ocorre. A valência energética, destemida e livre está projetada no irmão. Jane parecia mergulhada em "Jane do sonho", isso é, tensa, restritiva, contida, controlada. Ao desempenhar o papel do irmão, não conseguia entrar no espírito do rapaz (o que levava Perls a assinalar por que o discurso não convencia). No diálogo final ela parece ter-se apropriado parcialmente da energia do irmão. Não houve mais assinalamentos de Perls naquela direção.

Foco

Perls dirige a sua atenção e coloca a energia de Jane na mesma direção: a exploração do sonho do ponto de vista do irmão. A certa altura, porém ("diga pra nós como você se coloca"), Perls parece abandonar a linha que vinha seguindo e partir para uma simplificação, síntese ou finalização. É como se ele tivesse sido conivente com a defesa de Jane. Repete essa atitude ao final, quando deixa Jane seguir viagem sozinha (abandona-a) e recorre ao discurso didático e teórico, generalizador e impessoal. Volta a atenção para Jane, novamente, mas para se isentar da situação ("faça um discurso [...]").

Construção de autossuporte

Conforme comentado anteriormente, o primeiro assinalamento de Perls pode ser considerado favorecedor de autossuporte para Jane, uma vez que lhe dá condições para apoiar-se num discurso mais firme e mais bem articulado. Nada se pode afirmar sobre o autossuporte do psicoterapeuta.

Tema

Há uma gama variada de temas em torno de uma ideia central (liberdade/prisão; segurar/soltar; controle/descontrole, e assim por diante). Esses temas são sugeridos mais claramente pelo conteúdo das falas de Jane, por ocasião do diálogo final, e meramente resvalados por Perls numa intervenção ("você quer segurá-lo; ele quer se libertar"). Já se encontravam presentes no relato do sonho, tanto na forma quanto no conteúdo. O primeiro assinalamento de Perls foi muito pertinente e já era uma forma de identificação de um tema (o medo de deixar os fatos falarem por si, que é precisamente o núcleo do sonho e a temática central presente ao longo de todo o trabalho). Perls não o retomou nem o alinhavou com o conteúdo do sonho. O assinalamento acabou tendo um cunho meramente *formal*, intervindo apenas de modo passageiro na estrutura do discurso de Jane. Teve, como se pode observar, um efeito *corretivo* efêmero em relação à forma do discurso, não servindo à função compreensiva da temática em jogo. As observações finais de Perls são pertinentes, sem dúvida, mas genéricas e não coincidem efetivamente com a especificidade da questão existencial de Jane revelada pelo sonho. Acabou sendo nomeado um tema (a vida é um parque de diversões), interessantíssimo mas perdido com o abandono do psicoterapeuta e com a superficialidade do tratamento a ele dado pela cliente.

Escolha do experimento

Perls escolheu trabalhar com um recurso interessante: o relato do sonho recomposto e transmitido do ponto de vista de um personagem do sonho que não o sonhador. O narrador é o personagem.

Insight e conclusão

Não se percebe *insight* algum, e a conclusão ficou extremamente empobrecida. Perls impediu a finalização natural do experimento quando o interrompeu. Em lugar da conclusão terapêutica, colocou uma conclusão teórica, genérica, anterior à situação de Jane e dela independente.

Finalidade do trabalho

Não se percebe com clareza qual é a finalidade do trabalho, a julgar pelo modo como foi conduzido. Aparentemente, o experimento desenvolveu-se para pesquisar a polaridade Jane/irmão — na qual se incluem todas as demais polaridades identificadas pelo psicoterapeuta —, mas, a meu ver, ficou inconcluso. Acabou servindo a um propósito de Perls: demonstrar que o contexto inicial de um sonho indica sua base existencial. Situações como essa podem atestar que o psicoterapeuta foi capturado numa dificuldade pessoal; o empobrecimento da condução do experimento pode ser indício de um ressentimento contratransferencial experimentado por ele.

Vínculo entre psicoterapeuta e cliente

Perls é o diretor desse episódio e toma as decisões a respeito do destino do experimento. Trabalha nos moldes de um diretor teatral, almejando assegurar que a interpretação do ator seja correta, expressiva, convincente. Isso, sem dúvida, está a serviço do resgate de uma projeção. O cliente segue instruções e compõe o texto oralmente. Perls faz sugestões quanto ao texto.

Diretividade das intervenções do psicoterapeuta

Suas intervenções consistem basicamente em instruções, alguns assinalamentos interpretativos, avaliações e explanações teóricas. Prescreve direta e indiretamente os comportamentos, sua forma e tonalidade expressiva. Influencia pouco o conteúdo da fala do cliente, limitando-se a fazer algumas sugestões.

Recursos terapêuticos utilizados

Relato do sonho, como se tivesse sido sonhado por uma personagem diferente do sonhador (o personagem escolhido narra o sonho); presentificação das sensações experimentadas nas mãos; palestra em torno de um tema sugerido pelo psicoterapeuta, valendo-se de elementos fornecidos pelo contexto do sonho.

O experimento propriamente dito

- Relato do sonho. Jane o inicia dizendo ser um sonho da noite anterior, o que leva a crer que pode estar relacionado à situação do *workshop* e ao efeito que este tem para ela. O contexto do sonho é um parque de diversões. A atmosfera presente é de barulho, excitação e movimento. Jane refere desagrado diante da situação. Ela segura a mão do irmão para que ele não se perca. O movimento do irmão é de participação. Evidencia-se uma tensão: Jane segura o irmão, que quer movimento e liberdade. O relato é descritivo e o tempo verbal utilizado é, pela gramática do inglês, o presente contínuo. O desejo do irmão: entrar no brinquedo em que as pessoas ocupam uns assentos e entram por um túnel.
- Perls interrompe o relato (a interrupção se evidencia pelo fato de Jane utilizar repetidamente a conjunção aditiva "e", sugerindo uma expansão do relato) para assinalar uma característica formal do discurso de Jane. Faz uma interpretação: medo de deixar os fatos falarem por si; medo da autonomia dos fatos; necessidade de exercer controle sobre eles, amarrando uns aos outros. O tema já teria sido de alguma forma assinalado ou trabalhado no *workshop* anterior. Pressupõe uma etapa anterior, à qual não temos acesso.
- A intervenção tem um efeito corretivo em Jane. Seu discurso, daí por diante, modifica-se. Ela acata a intervenção de Perls aparentemente de modo irrefletido e dá continuidade ao relato. Uma boa interpretação, provavelmente mal aproveitada por ambos. Nesse trecho do relato, surgem fatos novos. Não têm dinheiro para comprar os ingressos. Jane dá o relógio de pulso ao irmão e lhe pede que negocie os ingressos para ambos. A proposta não é aceita pelo homem da bilheteria e a saída é entrarem de "penetra". Ou seja: não dispõem do meio de troca socialmente estipulado, habitual, e procuram, por sugestão de Jane, trocar um bem pelo outro; frustrada essa tentativa, resta a possibilidade da

transgressão, sugerida pelo irmão, como fica claro a seguir. O tema em jogo, a necessidade de prazer e as diversas formas de ter acesso a ele: as estabelecidas na sociedade, as alternativas, mas ainda aceitáveis socialmente, por serem lícitas, e as transgressoras, antissociais. No plano consciente, Jane só se permite as duas primeiras. Inconscientemente, o irmão carrega a projeção do desejo de gratificação a qualquer custo. O prazer visado é específico: está simbolizado por um brinquedo de um parque de diversões, com evidentes conotações sexuais, e sugestivo de um estado de consciência (túnel escuro) alterado, o que se obtém com a experiência de orgasmo, com drogas, com sonolência, com o sonho ou outras formas de afrouxamento das amarras da consciência da vigília, controladora, restritiva e unilateral. O símbolo pode também remeter à noção de retorno ao útero materno, uma região que estava fora do alcance das mediações sociais e restritivas do pai.

- Intervenção de Perls, sugerindo voltar ao início do sonho. Nesse momento ele já fez a escolha do experimento. Instrui Jane a contar o sonho tendo o irmão por narrador. Não fica claro se o relato estava concluído. A continuação do experimento revela que há novos detalhes no sonho que dão seguimento ao relato. Talvez, também, Perls tenha interrompido o relato antes de se concluir. O experimento escolhido contribui para que a cliente assuma o ponto de vista do personagem do sonho e, dramatizando-o, possa identificar-se de alguma maneira com a postura, a atitude, a ideologia, a energia, a disposição e mesmo os desejos atribuídos a ele. É um recurso interessante e pode tornar mais nítida a polaridade condensada em Jane/irmão.
- Num tom mais impetuoso, Jane assume a voz do irmão e retoma o sonho desde o início. A novidade está em que o irmão faz uma espécie de concessão a Jane, deixando que ela o segure pela mão e pelo pulso — *por ela*, já que lhe é tão importante que ele não se perca. O irmão manifesta-se como alguém atirado, despreocupado e indiferente às restrições patriarcais da irmã. Cede, porque sabe que sem a sua companhia a irmã, que não quer ficar sozinha, não o deixaria ir. Afirma o seu desejo de entrar no brinquedo.
- Instruções de Perls para que seja repetida a última afirmação, três vezes, prontamente atendidas por Jane. A frase a ser repetida era a afirmação de um desejo.

- Intervenção de Perls na primeira pessoa, exprimindo algo que sugere o poder de convencimento ou a inexpressividade da fala ouvida. Trata-se de uma intervenção avaliativa e provocadora, desafiadora. Nesse momento, Perls praticamente se insere na dramatização como interlocutor para a fala do personagem do sonho. Denuncia a falta de firmeza de propósito do personagem. É o diretor teatral provocando no ator a emoção supostamente adequada ao personagem desempenhado.
- Jane ausenta-se do papel do irmão e comenta algo que entendo como "eu não quero entrar no brinquedo; quem quer é o meu irmão". Portanto, ao repetir a frase, Jane não consegue vestir o personagem, perdendo o tom impetuoso e determinado do início da fala. Jane ri e retoma o ponto de vista do irmão. Reafirma o propósito e o desejo. Nessa parte, há uma reversão do controle. O irmão toma as rédeas da situação e leva Jane pela mão. Propõe que burlem a vigilância do porteiro e entrem por debaixo do portão (o porteiro é o zelador das convenções patriarcais, o controle restritivo). Quer ajudar Jane a entrar de "penetra".
- Perls intervém para propor uma interrupção. Instrui Jane a fechar os olhos e experienciar as mãos. Suponho que a intervenção tenha sido devida à observação que Perls fazia dos gestos de Jane. Não se evidencia qual o critério para a interrupção do fluxo verbal e o início da experiência corporal. De qualquer modo, esse tipo de sugestão retira a pessoa do referencial em que ela está imersa e requer a reorganização do seu foco de percepção, de atenção e mesmo de emoção.
- Jane descreve o que percebe sobre cada mão, partes do corpo e sensações do corpo na sua totalidade. Sua descrição denota tensão e peso.
- Assinalamento de Perls, para fazer uma correlação entre cada uma das mãos e os personagens do sonho.
- A intervenção de Perls parece cair no vazio. Cessa aí o episódio com as mãos. Jane procura lembrar-se do ponto em que estava. Retoma o discurso no papel de Jane. Afirma que é maior o medo de perder o irmão do que o de ser bicona.
- Perls intervém para retomar o experimento no ponto em que estava. Requer que o irmão continue contando o sonho.
- Jane acata e retoma o discurso do irmão. Repete-se o que ocorreu anteriormente: o irmão tem uma atitude de concessão e compreensão para com Jane. Aceita por ela a sua *companhia*, oferecendo proteção à

irmã insegura. É como se um polo (o irmão) não precisasse do outro. O irmão não renuncia ao prazer, mesmo que para usufruí-lo precise levar a irmã junto.

- Perls faz referência mais clara à expressividade de Jane. Sua proposta é realmente um mergulho no sonho, para trazê-lo ao vivo, dramaticamente.
- Jane parece justificar-se ao mencionar dor nas pernas. Retoma o papel do irmão, com voz mais expressiva. Descreve todo o processo de entrar no brinquedo por entre as pernas das pessoas, ambos arrastando-se pelo chão. O irmão chega ao brinquedo; Jane fica de fora.
- Perls intervém, influindo no conteúdo do discurso. Manda o irmão despedir-se de Jane. A intervenção intensifica a separação dos opostos, das polaridades (ambas eram distintas, mas estavam interligadas pelas mãos). Além disso, a intervenção estrutura o diálogo, uma interlocução, ausente no experimento até então.
- O discurso do irmão é de liberdade e autonomia. Solta-se e fica por conta própria. Ainda há considerações para com a outra parte, mas também há descaso (ambivalência do irmão: protetor e indiferente). Jane entra em pânico, aflita, chamando o irmão de volta.
- Intervenção de Perls para mudar o interlocutor. Isso ocorre quando a personagem anterior posiciona-se com clareza.
- Jane não atende à indicação imediatamente. Comenta que o sonho é muito longo. (Não posso saber qual é precisamente o sentido do comentário.) Parece precisar tomar fôlego.
- Perls é incentivador e suportivo. Entendeu o comentário de Jane como "é muita coisa! É cansativo!" Sugere que ela considere o já exposto.
- Jane repete a instrução e volta ao início do relato. As instruções de Perls parecem ineficazes, e Jane indica não ter clareza do que ele lhe propõe. Não estão em sintonia. A instrução de Perls sugeria interlocução. A fala de Jane começa como uma narrativa (um recomeço de relato).
- Perls intervém para "faturar a dica" de Jane. Pede que ela diga ao grupo qual é o seu ponto de vista (Jane já iniciara um posicionamento; Perls propõe quais devem ser os interlocutores, apenas). Com isso, novamente a retira do contexto dramático e propõe novo elemento estratégico para o experimento: expor o seu ponto de vista quanto à situação diante do grupo.

- Jane verifica se entendeu a proposta. É uma maneira de pedir esclarecimento. A instrução, de fato, fora muito vaga ou, no mínimo, incomum, dado que Perls faz uma consulta à reflexão.
- Perls esclarece, mas não com o intuito de tornar a instrução mais precisa. Ele apenas dá o pano de fundo da instrução.
- Segue-se um discurso em que Jane afirma as suas opiniões, os seus sentimentos, as suas preocupações e os seus comportamentos para com a pessoa do irmão. Jane retoma a iniciativa de transformar o posicionamento em diálogo — um diálogo suposto entre ela e o irmão. Em suma: a irmã quer que o irmão pare de tomar drogas e ser tão livre, porque vai se arrepender. O irmão a acusa de querer impedi-lo de fazer o que ela própria fez quando tinha a sua idade e reclama da "pegação no pé". A irmã sabe disso, mas teme que ele vá "se foder". O irmão contra-argumenta que ela mudou e não "se fodeu"; com ele ocorrerá o mesmo. Queixa-se de que a irmã, como a mãe, não confia nele. Fica muito claro, o tempo inteiro, que Jane entende bem que o sonho fala da sua relação *concreta* com a pessoa do irmão. Isso se acentua em diversos momentos, e mais claramente no final. A impressão que se tem é a de que nem de longe Jane desconfia que o irmão possa simbolizar um aspecto da sua personalidade, algo avizinhado ao comportamento irresponsável, antissocial, irrefletido, quiçá psicopático. Perls faz vista grossa ao engano.
- Perls intervém para dizer que Jane pode trabalhar sozinha dali por diante. Com essa fala, Perls abandona o experimento e abandona Jane. Aparentemente ele dá autonomia a ela (reconhece sua autonomia), mas, ao fazê-lo, desocupa o seu papel de psicoterapeuta. Em lugar dele, coloca o professor. Dá uma aula a respeito do significado do contexto ou cenário onde se passa um sonho. Penso que a intensa carga da temática promoveu no psicoterapeuta, contratransferencialmente, sentimentos dos quais ele se protege mediante a deflexão. Antes, porém, anunciou que desejava alguma coisa. Deixa Jane sozinha para atender a um desejo seu (faz o que o irmão no sonho fez). Enfim, pede a Jane que faça um discurso sobre o tema "A vida é um parque de diversões".
- Jane faz um discurso. Simples, superficial, genérico, em que se evidencia o interpessoal, com pouquíssima menção ao intrapsíquico. No mais, um discurso cheio de projeções, que pouco serviu para demonstrar as ideias de Perls. Os "es" continuam alinhavando as suas falas...

O sonho de Steve (I)

TRANSCRIÇÃO DO EPISÓDIO

Steve: Quero trabalhar um fragmento de sonho. Estou no meio de uma lavoura. É noite e faz um pouco de frio. É uma noite muito bonita. Acho que é noite de luar. Dá pra enxergar um pouco. E tem uma lavoura cultivada, cheia de tomateiros.

Fritz: O que você sente?

S: Meu coração está batendo rápido, estou falando alto, meio tenso, com medo de me expor.

F: Como você nos percebe?

S: Eu não dou atenção à presença de vocês. Eu estava indo direto ao sonho.

F: Dá pra voltar pra nós?

S: Claro. Agora eu estou tremendo mais. Sinto tremor nas pernas, nas mãos. Minha mão esquerda me segura… para eu não me mexer. Estou tremendo demais aqui.

F: Você se dá conta da nossa presença?

S: Não, não como… Não. Voltei pra mim. Eu olho pra vocês e o meu tremor diminui… Estou transpirando na testa. Fico voltando pra mim… Vejo as pessoas, não vejo alguém, assim, especificamente. Vejo vocês como um bloco. Particularmente eu não estou interessado em vocês… *[riso breve]* Quero falar do meu sonho… Estou pedindo permissão.

F: Não dou permissão.

S: Sei…

F: Quero trabalhar com isto: se você está ou não em contato conosco e com o que está acontecendo.

S: Não me sinto em contato com nenhum de vocês agora. Eu olho ao redor e vejo as pessoas interagindo. Você… com… é… o Teddy e a Helena, e com a Sally. Vejo as pessoas se entreolhando, sem prestar a menor atenção em mim, e... Tenho a impressão de que estou excluído, eu...

Teddy: Foi isso que você viu naquela hora?

S: Não, não. Eu estava falando de antes. Não. Agora você estava olhando pra mim. *[risos] Naquela hora* você estava. *Agora* você está olhando pra mim, meio interessado. Vejo que a Helena ainda está triste... com a tristeza dela.

Helena: Eu ainda estou com as minhas coisas. *[o episódio anterior foi com Helena]*

S: Sim. É. Blair parece meio distante... afastado, desinteressado. Sally, você está olhando pra mim, mas não acho que realmente está vendo alguma coisa.

F: Agora você está começando a *prestar* atenção.

S: Estou.

F: Em vez de *querer* atenção.

S: É.

F: Então nos dê um pouco mais da sua atenção.

S: O Dick parece preocupado, está coçando o rosto... você está coçando o seu rosto... com ar de expectativa. Não sei qual é a do Bob. Bob, não sei qual é a sua. Jane, você está olhando pro Bob...

F: Ok. Estou disposto a prestar atenção no seu sonho.

S: Ok. Estou naquela lavoura, é noite, é uma plantação de tomates. A terra é úmida e fértil, e não tem mato.

F: Seja a lavoura.

S: A lavoura. *[deita-se]* Sou cultivado em fileiras; a terra poderia... Sou uma terra macia, úmida, com fileiras... é... com valetas entre elas, por onde a água escorre por mim. Eu alimento essas plantas. Tem uma série de estacas fincadas em mim. As estacas seguram os tomateiros em pé. Os tomateiros vivem em mim, as raízes estão dentro de mim e eles estão crescendo, e eu sou fresco, úmido e nutritivo.

F: Diga isto de novo.

S: Sou fresco, úmido e nutritivo.

F: De novo.

S: Sou fresco, úmido e nutritivo. E tem mais uma coisa em mim. Há uma cerca na plantação, também fincada em mim, com estacas de sequoia de 10 por 10.

F: O que você separa com a cerca?

S: Para responder, acho melhor eu ser a cerca. *[levanta-se e estende os braços para os lados]* Sou a cerca no *meio* da plantação. Não tenho razão de ser. Dos dois lados, as plantas são as mesmas, a terra é a mesma, a luminosidade é a mesma. A cerca tem dois lados. Eu tenho dois lados. Eu tenho dois lados. Tenho um lado bom e um lado mau. O lado bom está virado para aquele lado *[para trás]*; o lado mau está virado para este lado *[para a frente]*. Meu lado mau está virado para este lado. Mas eu fico no meio desta plantação, e não faz... eu não faço sentido. Não sirvo pra nada. A lavoura está dos dois lados. Se fosse pra eu proteger a lavoura, ou as plantas, eu teria de estar na beirada ou no perímetro todo. Fico no meio e tem plantação dos dois lados... Ainda não falei dos... Quero ser os tomateiros e as estacas no...

Eu sou uma estaca que mantém os tomateiros em pé, e há umas cordinhas em volta de mim e dos tomateiros, e eu me prendo aos tomateiros assim *[faz um círculo com os braços]*. Se eu não segurasse vocês, tomateiros, vocês... vocês cairiam pelo chão, e não tomariam sol, porque todos esses outros tomateiros aqui têm estacas e ficam bem eretos, e eu mantenho vocês em pé.

F: Estou com dificuldade de acompanhá-lo. Então proponho: seja a sua voz.

S: Minha voz. Minha voz soa meio vazia.

F: "Eu sou..."

S: Eu sou vazio. Eu sou... eu fico ecoando pra lá e pra cá por um tubo comprido. Eu sou a minha voz. Eu sou a minha voz. Eu... eu estou rodeado de tristeza. Tenho... ao redor há... sinto como que algo me obstrui pelo lado de fora. Consigo passar, mas algo me arrasta, algo me retém, algo me arrasta. Quando passo, algo me retém no perímetro...

F: Estou ficando cada vez mais pesado.

S: É... eu estou espalhando o baixo-astral... Estou me escondendo. Eu sou minha voz. Saio pesada lá do fundo... Quero entorpecer. Acho que faz sentido. Eu sou minha voz. Voz...

F: Então diga: o que você sente agora?

S: Um peso, boca seca... como enforcamento, como... tudo... Sinto como se estivesse enforcado, eu estou... Tudo me deprime, só... sou um tédio/uma chatice. Minha tensão nos ombros... que acabei de relaxar. Estavam levantados. Suor, calor.

F: Ok. Existe alguma figura humana no seu sonho?

S: Não. Não. Tem só uma outra parte. Estou na lavoura, olhando, sem fazer nada, e a cerca pega fogo do outro lado, de fora a fora.

F: Ah! Nem tudo é implosivo. Nem tudo está morto.

S: Os tomateiros estão vivos... Sim, o fogo é a única coisa que se mexe. E o fogo, como o vejo, é como um clarão, e o lado de fora da cerca está todo em chamas. Um vento suave sopra nessa direção, e as chamas saem assim, só de um lado. *[o lado mau da cerca, virado para a frente]*

F: Dance. Faça a dança das chamas.

S: *[gestos imitando as chamas que saltam]* Estou preso à cerca. Estou preso à cerca, mas eu...

F: Fale com a cerca.

S: Estou acabando com você. Estou preso a você. Não consigo me soltar de você. Preciso de você... você é o meu combustível... mas fico saltando pra fora... pra longe. Vou torrar todos esses tomateiros aqui. Eu... quando estou no sonho, eu mesmo, vejo que a cerca não tem cabimento e eu gostaria de me livrar dela, mas usar fogo pra isso é errado, porque o fogo vai queimar todas as plantas, e não é isso que eu quero. No...

F: Seja o fogo. Fale conosco como se fosse o fogo. "Se eu fosse o fogo, eu consumiria vocês, o que é ruim" etc.

S: Sim. Se eu fosse o fogo, eu ressecaria vocês, mataria vocês, vocês pretejariam, se retorceriam... morreriam. Seus frutos malograriam, os verdes nunca amadureceriam... Até as estacas em que vocês estão presos se queimariam. Tudo ficaria enrugado, murcho, torrado e preto...

F: Será que dá pra dizer "eu" em vez de "tudo"? "Eu faria isso. Eu faria aquilo..."

S: Eu faria vocês murcharem e pretejarem...

F: "Eu murcharia vocês."

S: Eu murcharia vocês. Eu os faria abortar os frutos. Eu mataria vocês... Vocês morreriam. Eu mataria vocês. Eu mataria vocês. Vocês simplesmente... se eu queimasse. Sendo fogo, eu mataria vocês. Não os que estivessem longe, mas os de perto. Todos os que estivessem perto, eu os mataria... *[agacha-se lentamente até ficar de cócoras e chora muito por alguns instantes]*

Lembro-me de um poema que o meu pai escreveu. Não sei se consigo me lembrar dele inteiro. Ele fala do amor pelo mar e...

"[...] Do mar nada exijo...
Mas quando as minhas mãos buscam outras,
Meu toque é veneno, e os dotes que trago...
Exigências inoportunas, desconfiança e disputa.
Estou exausto das brigas e da dor.
Vou voltar e de novo amar o mar."

Então... *[com suavidade]* Obrigado, Fritz.

ANÁLISE

Identificação e preparo do terreno

Durante toda a primeira fase, Perls dedicou-se ao preparo do terreno. A transcrição do episódio não oferece elementos suficientes para que se afirme como se identificou o terreno. A julgar pelo desenrolar do experimento, Perls identifica um alheamento (ou evitação) do cliente em relação às pessoas presentes na situação. Procura estabelecer o contato de Steve com os presentes, pois o contato consigo mesmo estava intenso, trazendo à tona o oposto do comportamento manifesto. Não há considerações ou investigações sobre o sentido e os motivos para Steve encontrar-se naquele estado. Há, portanto, uma ênfase em como o sujeito está e qual finalidade é almejada com sua atitude. Perls influencia o comportamento de Steve e só interrompe quando o rapaz modifica o modo de estar ali com os presentes (manifestando o comportamento de prestar atenção, em contraposição ao comportamento anterior, de querer atenção). Alguns temas se delineiam ali. No entanto, nenhum é nomeado. O experimento propriamente dito estruturou-se após o segundo relato do sonho. Embora contrariando a intenção consciente de Steve, Perls está bastante atento a ele e à sua forma particular de interagir (como atitude) com os presentes.

Consenso

O consenso geralmente se refere à concordância do cliente com a proposição do experimento. No caso particular desse episódio, acontece algo interessante: o cliente está ávido por iniciar o experimento, chegando a conduzi-lo sozinho, em alguns momentos. Aqui é o cliente quem, precipitadamente, propõe que se inicie o experimento. Perls não o autoriza, pois considera inconclusa a etapa anterior. Permanece a resistência do rapaz em estabelecer nova forma de contato com o ambiente. Quer preservar a antiga. No mais, Steve mostra-se colaborador e concorda com as proposições de Perls, o que indica a existência de consenso.

Gradação

O trabalho de identificação com a voz poderia ser visto como uma estratégia de gradação, visando minimizar a dificuldade emocional presente ou, quem sabe, revelá-la. Perls, porém, não se dedica a uma revelação temática, permanecendo na descrição da forma como aparece o problema. Subentende-se que o grau de dificuldade do experimento está dosado adequadamente para a possibilidade emocional do cliente.

Awareness

Todo o sistema e as funções de contato de Steve estavam voltados para si, a serviço das suas necessidades pessoais, individuais, egocêntricas. Parecia capaz de se perceber no plano sensorial com certa facilidade, e há sinais claros de que interpretava o seu estado como medo de expor-se num palco. Portanto, o ambiente participava interferindo nas suas sensações e sentimentos. Acontece que o ambiente, como tal, não era exatamente percebido por Steve, mas alvo de suas projeções (o desinteresse que supunha haver nas pessoas; seu sentimento de estar excluído). Em consequência disso, acabava ignorando o ambiente, eliminando-o do seu campo perceptivo e recolhendo-se à sua interioridade. O trabalho de Perls teve a finalidade de fomentar um contato com o ambiente tal como se apresentava, em contraposição às projeções de Steve. Em linguagem gestáltica, isso seria uma construção de suporte ambiental ou então uma tomada de consciência do suporte ambiental realmente disponível no momento. Além disso, ao final dessa fase, Perls enfatiza a atitude de *prestar atenção*, em lugar de *querer atenção*. Assim, além de trabalhar o contato com a realidade ambiental, Perls promove e valoriza uma mudança de atitude no sistema de contatos de Steve. Steve responde de pronto e com fluência às questões de Perls referentes ao que experiencia sensorialmente ou no tocante aos sentimentos. No entanto, ele o faz com certa rapidez e superficialidade, voltando logo para o seu sonho, o objeto do seu interesse. A rapidez e a superficialidade fazem-me lembrar aquele filho que teria escovado os dentes a pedido do pai, mas nada mais fez que dar uma ou duas esfregadinhas neles com a escova. O filho em questão tem grande urgência de esquivar-se das demandas do pai. O contato do pai é veneno. Perls não se dá por satisfeito com a aparente escovação. Chama o filho de volta e o faz escovar os dentes direito.

Localização da energia do cliente

Por tudo que foi já descrito a respeito da urgência de Steve, fica claro que havia nele uma prontidão energética quase incontida. O trabalho de Perls promoveu uma reorganização ou, pelo menos, um adiamento da descarga dessa energia. Iniciado o experimento, Steve praticamente o conduziu sozinho por um bom período. Perls o interrompeu num momento em que as características da fala indicavam um problema de fluxo de energia. (A descrição que Steve faz da sua voz confirma isso.) Algo que ele sentia ser externo a ele lhe impedia falar com fluidez, como está claro no termo que Steve utiliza, drag (arrastar, retardar), impedindo o seu desenvolvimento. O sentimento de urgência, portanto, é o pedido da energia impedida. O trabalho com o sonho revela que o cliente a sente como muito destrutiva e talvez por isso se contenha. No final, Perls propõe a identificação com o que há de mais energético no sonho — o fogo —, mas o faz no modo condicional verbal, ao contrário do que costuma propor. Em vez de sugerir a Steve que diga "eu sou o fogo e vou destruir...", propõe que diga "se eu fosse o fogo, eu destruiria...", suavizando, talvez, o temor de ser destrutivo. O período introdutório do episódio, anterior ao trabalho com o sonho propriamente dito, envolve uma oposição de forças entre a energia do terapeuta (cuidando, garantindo, estando atento) e a do cliente (grande urgência em adentrar o sonho, introvertida e defensivamente).

Focalização

O trabalho de focalização é uma constante nesse episódio, e a eleição de foco está integralmente aos cuidados de Perls. Há quatro focos principais: o inicial, de suporte ambiental e pessoal, com início, desenvolvimento e conclusão; a identificação com elementos do sonho; a identificação com a voz; a retomada da identificação com elementos do sonho. A mudança de foco é demarcada com intervenções verbais de Perls. Além da escolha, Perls é também responsável pela manutenção do foco até que o julgue concluído ou passível de interrupção (por exemplo, Steve procura deslocar o foco quando lhe pede permissão para voltar ao sonho; Perls o impede e explicita o que pretende trabalhar no momento). Demarcando tão claramente esses focos, entendo que se pode formar com mais facilidade uma aliança entre o condutor e o sujeito do experimento, unindo-se esforços numa mesma direção. Para isso, no entanto, é necessário que o cliente confie na condução do psicoterapeuta.

Construção de autossuporte

Todo o trabalho inicial voltou-se para a construção do autossuporte de Steve, mediante uma mudança de atitude perante o ambiente. É possível supor que o psicoterapeuta estava bem sustentado em seu autossuporte, dada a precisão, a acuracidade, a dedicação com que acompanhava a energia e o movimento do cliente.

Tema

Muitos temas se delineiam, mas nenhum é nomeado ou destacado. As únicas intervenções de Perls que poderiam nomear temas eram voltadas exclusivamente para as formas como Steve se relaciona com o outro, uma dimensão priorizada pelo psicoterapeuta. Os elementos temáticos relativos à dinâmica da personalidade ficaram intocados.

Escolha do experimento

A escolha de Perls foi a identificação de Steve com elementos do sonho. O trabalho incluía também a solicitação de movimentos corporais e de diálogo entre partes do sonho. Houve ainda uma variante do exercício de identificação, a que chamarei *identificação condicional*, devido ao uso do modo condicional verbal. Perls sugere o elemento com que Steve deveria identificar-se em primeiro lugar e, entre os diversos elementos do sonho, elege o mais abrangente (a lavoura). Assim, a identificação com outros elementos sequencia-se de forma natural, ditada pelo desenrolar do discurso de Steve.

Insight e conclusão

O *insight* teve início no momento em que Steve se emociona e chora. Nesse experimento, a fase conclusiva inclui uma obra poética, o surgimento de uma polaridade e um emocionar-se. O discurso final de Steve foi acatado tal como se apresentou, sem a participação do psicoterapeuta, sem nenhuma explicitação ou processamento.

Finalidade do trabalho

Favorece condições para que o cliente desenvolva um equilíbrio entre o contato que tem consigo e com o outro, com ênfase no desenvolvimento da percepção de como ele estabelece esses contatos e do que ocorre nos relacionamentos quando se coloca de determinada forma. Além disso, são contornadas resistências e revelados os polos inconscientes da experiência habitual.

Vínculo entre psicoterapeuta e cliente

O psicoterapeuta diferencia-se claramente como o diretor, cabendo a ele priorizar o que lhe parece relevante a cada momento. O cliente toma iniciativas frequentes e dirige os seus atos. No entanto, é Perls quem detém a palavra final sobre a direção a seguir. Aceitam-se silenciosamente algumas iniciativas de Steve, enquanto outras são impedidas e redirecionadas. O cliente busca manter-se fiel às suas intenções, chegando a acatar e responder a perguntas, sem estar realmente interessado nelas. A relação pessoa-pessoa entre Perls e Steve ganha algum relevo aí, no momento em que Perls se posiciona como outro em relação a Steve ("estou ficando cada vez mais pesado"), dando a ele uma medida do que ocorre na relação.

Diretividade das intervenções do psicoterapeuta

Mais correto seria dizer que Perls é diretor, não diretivo. Orienta-se pelo conteúdo que vai surgindo no discurso do cliente.

Recursos terapêuticos utilizados

Identificação com elementos do sonho; identificação com a própria voz; diálogo entre partes do sonho; expressão corporal dos movimentos de uma parte do sonho; identificação no condicional.

O experimento propriamente dito

Considero que o experimento propriamente dito se iniciou quando Perls se dispôs a prestar atenção no sonho. O relato do sonho faz parte do experimento.

- Ouve-se o relato de parte do sonho. Há uma riqueza de elementos, relatados posteriormente, indicando que Steve teria sido interrompido pela intervenção de Perls. Os únicos verbos utilizados nesse trecho são de ligação e descritivos, indicando controle das emoções. Não há verbos de movimento. Trata-se da descrição do ambiente onde o sonhador se encontra. É uma cena de natureza modificada pelo homem (uma lavoura). Há referência aos elementos naturais da cena (a terra, a noite, o luar) e aos elementos que sofreram a intervenção do homem (os tomateiros, a lavoura cultivada). A descrição é razoavelmente objetiva e o sonhador não expressa sentimentos ou valorização. Embora breve, inclui detalhamento e diversas especificações.
- Perls propõe a Steve que se identifique com um elemento do sonho, o mais amplo: a lavoura. Nesse ponto, está feita a escolha do experimento. Na medida em que a descrição é breve e não inclui elementos polares em relação ao sonhador, Perls escolhe para a identificação o cenário (ou contexto) do sonho. O exercício se presta à ampliação do contato com a figura presente (o que já é dado), contribuindo para pesquisar o que está sintetizado naquele símbolo, inclusive uma polaridade.
- Steve repete a instrução de Perls (ecoa). Deita-se e começa a falar como se fosse a lavoura, como se ela tivesse voz e um sentido de identidade. Descreve-se em termos de estrutura e organização (em fileiras, com valetas), em termos de qualidades mais intrínsecas (umidade, maciez, fertilidade, temperatura) e em termos das suas relações com elementos complementares, introduzidos pela natureza ou pelo homem (as valetas para escorrer a água, elemento ligado à função sentimento; as estacas estão fincadas ali, situação em que o sonhador é passivo diante de uma ação ativa de outro). Ele se percebe mais como a terra estruturada para o plantio, e os tomateiros são diferenciados. Estabelece com os tomateiros uma relação de perfeita complementaridade. Nessa fase, poucos são os verbos de ligação e estáticos. Na maioria, os verbos envolvem muito movimento (cultivar, escorrer, alimentar, segurar, crescer) e estão relacionados à vida e ao desenvolvimento

(cultivar, alimentar, viver, crescer). Há um verbo que denota agressão (fincar) e outro que denota tensão (segurar *[em pé]*). Aparece, então, um contraste entre soltura e aprisionamento, liberdade e tensão, natureza e cultura e assim por diante. As forças ligadas à natureza (à mãe) interferem para nutrir e também ameaçar (erosão) todo o processo de vida descrito ali. As valetas protegem o plantio (ele está protegido) da capacidade erosiva da chuva. Os elementos ligados à cultura, ao coletivo (ao pai), como técnicas de cultivo, estacas, cerca, interferem com mais contundência (estruturando, eliminando o efeito corrosivo das forças da natureza, mas, ao mesmo tempo, dividindo, tensionando, agredindo). Fica difícil avaliar quais entre essas coisas poderiam ser (ou ser sentidas como) mais positivas ou mais negativas. Steve não expressa os seus sentimentos presentes ali. Parece simplesmente, até então, constatar sua condição, sem valorizá-la, sem estranhezas. Perls intervém para solicitar a repetição de uma das frases ditas por Steve. Destaca aquela que descreve qualidades da pessoa e, no caso, bastante positivas. Steve adiciona o elemento cerca, trazendo uma informação ausente no relato inicial do sonho. Em ambas as oportunidades em que o relatou, mencionou quase os mesmos elementos e deixou de incluir outros. O relato só traz a parte asséptica do sonho, só o bonito e o bom. O ruim fica vagamente sugerido pela referência indireta à capacidade destrutiva das águas. O trabalho de identificação vai aos poucos revelar a tensão, a divisão, a sombra. A posição do sonhador, como lavoura, é notadamente passiva, até na postura corporal, pois ele se deita; o único movimento ativo é o de alimentar, função da mãe. A ênfase recai sobre o elemento terra, ligado à função sensação, associada ao senso de realidade.

- Perls interroga Steve sobre a função da cerca. Entende que ela separa, e pergunta o que está sendo dividido, ou separado. A pergunta sugere pesquisa de polaridades.
- Para responder, Steve prefere assumir o papel da cerca. Novamente, por iniciativa própria, vitaliza o exercício de identificação com um movimento corporal. Levanta-se e estende os braços para os lados, formando uma cruz. A postura é tensa e remete à ideia de sacrifício. Perls acata essas iniciativas. Aí aparecem as primeiras manifestações de estranheza, valorações e expressão de sentimentos. São sentimentos de falta de

propósito, de falta de sentido. Quanto à autoestima, surgem os primeiros conteúdos: "Tenho um lado bom e um lado mau". Nas costas está o lado bom; na frente, o lado mau: é aquele que se relaciona mais diretamente com o mundo. Um estranhamento: aquilo que deveria servir para proteger (a cerca, quando colocada à volta do terreno, cumpre tanto a função materna de proteção quanto a paterna de delimitar) está ali para separar. Em lugar de um sentimento normal de ambivalência, encontra-se uma divisão percebida como sem razão de ser.

- Também por iniciativa própria, Steve continua o exercício de identificação, elegendo o elemento estaca. Descreve-se fisicamente e quanto à sua função e dialoga com o tomateiro. Ao descrever a função, recorre a justificativas e o faz em termos lógico-formais ("Se eu não segurasse vocês [...] vocês cairiam [...], porque [...]"). São justificativas muito semelhantes a introjetos — os *animi* patriarcais, introduzidos pela mãe — do tipo "se você não tomar mingau, não vai crescer forte como os outros meninos", a ideologia do fazer crescer à força, para corresponder a um modelo ("todos são assim!" — afirmação típica do *animus* evoluído da mãe, que é dado a generalizações). Essa é a expressão da voz de uma figura parental introjetada, ou internalizada. Nesse trecho, infere-se que o tomateiro é o representante do sonhador em suas passivas relações com a figura parental, projetada na fala da estaca, que o tensiona e lhe força o crescimento de modo tenso, artificial e sacrificado. O que o discurso patriarcal (como *animus*, realmente, veiculado pela mãe) quer impedir é a identificação com a feminilidade fluente da natureza, a submissão às forças do feminino, contrapondo a elas o retesamento estratégico da técnica masculina artificial. A temática presente é o controle. As lutas do ego contra a mãe terrível, que o fortalecem e asseguram o automorfismo, ainda não começaram. Quem exerce o controle (de fora, como elemento interacional, e de dentro, como imago internalizada) é a mãe, em nome de causas nobres como o crescimento e a saúde. É o duplo vínculo: "Como você pode se queixar dos sacrifícios a que te submeto, se são para seu bem?" Pode-se vislumbrar, de acordo com esses dados, o significado da cerca "que não faz sentido" como mãe esquizofrenogênica.
- Perls solicita a identificação de Steve com a própria voz. Tem dificuldade de ouvi-lo. Não está particularmente interessado no conteúdo

do discurso. Está dando livre fluxo a um sinal captado no âmbito da *awareness*. Simples: estranhou o dado perceptivo, foi pesquisar.

- Steve ecoa a instrução. Em seguida, começa a descrever a própria voz, em vez de falar por ela.
- Perls dá um modelo para assegurar que Steve fale na primeira pessoa. O pressuposto é que a voz, como qualquer outra forma expressiva, representa a pessoal tal como ela se apresenta no momento. Daí a proposta de identificação.
- Steve segue o modelo e descreve-se como voz. Refere a existência de algo externo que o impede de expressar-se com soltura. Algo o segura. No momento em que ele tenta sair (existir, ser quem ele é), algo o impede. Embora diga que o impedimento é externo, o verbo que utiliza indica uma retenção interna. O conjunto faz lembrar a vivência de um nascimento. Se a mãe retém o bebê, a dificuldade é a um só tempo interna e externa. Não pode nascer por estar a serviço de um desejo alheio. Menciona, também, um eco. O conteúdo da fala é bastante aflitivo e penoso.
- Perls diz que está ficando cada vez mais pesado. Na transcrição original do episódio não aparecem aspas na fala de Perls, portanto o que diz não é uma intervenção em forma de modelo. É a descrição de algo que se passa consigo. Nesse sentido, estaria dando um *feedback* a Steve sobre o que ele causa no ambiente com a sua comunicação. Contratransferencialmente, porém, surge no terapeuta o sentimento com que o cliente não tem contato. Decorre daí que o depoimento de Perls, em última análise, é uma revelação de Steve.
- Steve reage ao comentário de Perls trazendo um conteúdo bastante depressivo, pesado, funesto. Admite o que Perls diz e exagera nesse reconhecimento, de modo caricatural, acusando-se de *querer* acabar com todos. É impressionante a facilidade com que se identifica com o negativo. O discurso traz o polo oposto às exposições iniciais, em que Steve aparecia como alguém nutritivo, em que o clima era de vida e crescimento. Em meio a tanta tensão, toda e qualquer leveza estava realmente ocultando o peso que se evidencia agora. Perls identificou na voz de Steve um contraste com o conteúdo verbal. Manifesta-se uma energia bastante agressiva e contida. A assunção é caricatural, certamente não revelando um verdadeiro conhecimento da própria agressividade, tampouco do alvo dela, muito menos do seu sentido.

- Perls investiga o que Steve experiencia no momento. A pergunta o auxilia a sair do exagero e ser mais descritivo.
- Steve cita enfaticamente uma sensação de enforcamento, além da tensão muscular nos ombros (o representante corporal da estaca no sonho). A dimensão do peso deve ser análoga ou proporcional à dimensão da vitalidade aprisionada. Pesam também os inúmeros introjetos que ele é obrigado a carregar nas costas (a cruz, o sacrifício).
- Perls dá por concluída a etapa e retoma o sonho com uma pergunta. Quer saber se há alguma figura humana nele. Projeções humanizadas aproximam a pessoa de um contato mais direto com a sua potência.
- Steve responde negativamente e anuncia o que falta relatar: ele observa a cerca pegar fogo. Nessa fase do relato, o sonhador aparece como observador passivo de outra força: o fogo. Água, terra e fogo já se presentificaram no enredo. O ar vai se manifestar a seguir, em forma de vento suave. O fogo é um elemento ligado à função intuitiva, o plano de ideias criativas.
- Perls faz um comentário com uma interjeição, denotando descoberta. O que ele assinala é a presença de algo explosivo e vivo, formando uma polaridade com o que observara anteriormente, implosivo e autocontido. A água se movimenta e tem certa vitalidade, mas escorre por ele. O fogo é mais expressivamente energético e se alastra, oferecendo pouca oportunidade de controle.
- O comentário de Perls, praticamente de cunho teórico, parece não fazer muito sentido para Steve. Ele tende a querer concordar, mas não sabe qual manifestação do sonho está na direção do que Perls pensa (se as plantas, se o fogo). O lado da cerca que queima é o lado mau. Bate um vento que determina o movimento das chamas. O ar é um elemento ligado à função pensamento, que, aí, alimenta o fogo. O lado bom é o que Steve não vê; o lado mau é o que está à sua frente, agora em chamas.
- Perls instrui Steve a dramatizar corporalmente o movimento das chamas. O exercício pode favorecer a apropriação da energia do fogo. É a dança do fogo, uma dança ritual.
- Steve acata a sugestão de Perls. Além disso, inicia uma identificação verbal com as chamas, referindo estar preso à cerca, aquilo que divide e separa. O poder do mecanismo duplo mensageiro é gerar na

pessoa uma grande insegurança e, consequentemente, uma grande dependência.

- Perls sugere um diálogo entre as partes. A fala anterior de Steve revelava que o elemento chamas relacionava-se com o elemento cerca por *ligação*. A modalidade de diálogo vitaliza a relação entre as partes, e também as distingue e *des*liga. Trata-se de uma identificação massiva com um aspecto valorado negativamente na personalidade de Steve: o fogo emana do lado mau. A vantagem do exercício está em que, assim, se potencializa o fogo para confrontar o poder da cerca.
- Steve faz o diálogo. Sua fala inclui expressões que sinalizam dependência ("Estou preso a você. Não consigo me soltar de você. Preciso de você... você é o meu combustível...") e outras que indicam movimento de independência (para fora, para longe). O lado mau está ativado em sua destrutividade. Atua em dois sentidos: consome a cerca (que não tem cabimento e de que Steve quer livrar-se) e, ao mesmo tempo, torra os tomateiros. Se ele elimina o que quer, elimina também o que não quer. A fala seguinte de Steve é uma tradução do paradoxo, em algum nível: quer livrar-se da cerca, mas acha que o fogo seria a maneira errada de consegui-lo, pois não quer que os tomateiros se queimem. Essa fala de Steve inclui o condicional como modo verbal, bem como um juízo de valor (é errado). Está configurado um conflito, formulado como um aparente impasse.
- Perls sugere que Steve permaneça identificado com o fogo, mas altera os interlocutores, provavelmente tentando transformar o impasse em conflito, tornando-o passível de solução. Os novos interlocutores são os participantes do grupo. Dá um modelo para a fala, sugerindo o uso do condicional ("Se eu fosse o fogo [...]"). Além disso, reforça o juízo de valor emitido por Steve, transformando-o de errado em ruim. Com a intervenção, Perls testa a suposição de Steve (de que seria destrutivo) e provoca a ampliação da fantasia, com os conteúdos a ela ligados. A mudança de contexto pode capacitar Steve a lidar com o plano concreto das relações interpessoais.
- Steve segue o modelo sugerido. Aparece a possibilidade destrutiva do fogo. Tudo seria desvitalizado e morto se Steve fosse o fogo. Enquanto Steve estiver preso à mãe, alimentando-se do combustível que ela é, vai desvitalizar toda e qualquer relação que procure estabelecer. Vai

repetir, por transferência, o modelo de relação com a mãe, conforme mostrou o trabalho inicial de preparo do terreno. Ali, Steve quer atenção, por depender dela para viver, no sentido de que não conhece outra modalidade de vida. Quando Perls o incentiva a prestar atenção, está fortalecendo a autonomia e a confiança nos próprios recursos. O experimento revela que o comprometimento é mais fundo e tem raízes na relação primal.

- Nova instrução de Perls solicitando que Steve utilize a primeira pessoa.
- Steve segue a instrução.
- Perls fornece o modelo da fala, alterando a estrutura gramatical para torná-la mais direta e clara. Enfatiza o caráter negativo da energia.
- Steve acata o modelo e desenvolve a sua fala, afirmando diversas vezes que mataria as pessoas; não as distantes, mas exatamente as mais próximas. Vai-se agachando devagar e chora muito por algum tempo. Em seguida, lembra-se de um trecho de um poema escrito pelo pai e declama-o. Trata-se de uma reflexão de alguém que se percebe venenoso, levando a disputa, a desconfiança e a exigência inoportuna ao plano da relação com o outro. (É tóxico, em vez de nutritivo.) Cansou-se de tanta luta e tanta dor e quer voltar a amar o mar, do qual nada exige. A superação do conflito está no amor pelo mar. O pai tem a resposta para a dificuldade de Steve: a capacidade feminina de amar, o conhecimento sábio e integrado de um elemento da natureza cheio de vida e de movimento. Steve agradece a Perls.

O sonho de Steve (II)

TRANSCRIÇÃO DO EPISÓDIO

Steve: Preciso cortar um cordão.

Fritz: Hã?

S: *[faz um gesto de cortar com a mão direita na altura do umbigo]* Preciso cortar um cordão.

F: Hã? O que isso tem a ver comigo?

S: Ok. Isto é um aviso. Para todos. Tenho outro sonho chato, insípido, maçante, em que estou no meio de uma lavoura outra vez, mas é uma lavoura diferente daquela. Essa é... é fim de colheita, e tem um monte de... de plantas e mato, tudo junto. Restos de plantas. A colheita já terminou. No meio dessa lavoura tem um carvalho enorme, mas acho que esse detalhe tem pouca importância. O importante é que tem um vulto, o vulto muito tênue de uma velha, e ela me deixa ficar para colher as flores, e coisas assim — fazer o que eu quiser. E naquele momento, no sonho, parecia que tudo bem, mas depois, pensando melhor, eu não gostei.

[desafiador] Velha, quem você pensa que é pra ficar me dando permissão aqui na minha cabeça, no meu sonho, pra ficar perambulando pelo meu sonho?...

[apaziguadora] Só quero lhe dar permissão, eu só... eu pensei que você fosse gostar. O que você disse me magoa...

Estou na região intermediária, estou pensando... é...

F: Pois trabalhe a projeção. Diga a cada um de nós: "Eu lhe dou permissão. Eu o autorizo..." Seja condescendente.

S: Tá bem. Daniel, eu lhe dou permissão para ser um menininho. Raymond, eu lhe dou permissão para ter a maior fantasia com armas que quiser. Jane, seja tão... tão durona quanto quiser — dois revólveres de cada lado. Sally, seja tão doce quanto quiser — seja gentil, um amor, um doce e atraente. Dale, fique na sua armadilha!

Volte para a sua armadilha. É um lugar lindo pra estar. Eu lhe dou permissão para ficar preso nela. Hã... Ginny, seja confusa quanto quiser. Pode pirar do jeito que você preferir. Seja bem complicada. Quanto mais complicada, melhor, e daí... Frank, você é um palhaço maravilhoso — eu lhe dou permissão para ser um palhaço. Não ceda nunca. Lilly, eu lhe dou permissão para ser um elástico e ficar indo e voltando. Zum. Zum. Zum. Zum.

F: Faça o contrário agora. "Eu não lhe dou permissão..."

S: Tá bem. Eu não lhe dou permissão. É... Bob, eu não lhe dou permissão para ser um mestre zen e ficar escondido atrás do semblante impassível e... eu não lhe dou permissão... você tem que participar. Tem que se engajar. Muriel, eu não lhe dou permissão para embarcar nessas suas viagens mirabolantes. Não lhe dou permissão para ficar esvoaçando por aí. Dick, eu não lhe dou permissão... é...

F: Você percebe que está dando bicadas? *[Steve vinha fazendo gestos curtos e rápidos com a mão direita]*

S: Dando bicadas? Sim.

F: Breves expressões extrovertidas.

S: Hã... sim. Eu não sei o que fazer com isso.

F: *[friamente]* Eu lhe dou permissão para não saber o que fazer com isso. *[risos]*

S: Era só o que faltava. *[ri]* Nunca imaginei que você pudesse me dar permissão para fazer coisa alguma! Ok. Dick *[mais lentamente]*, eu não lhe dou permissão para... empacar.

F: Diga o que ele deveria fazer.

S: O mesmo que eu: *[suspiros]* derreter, explodir, sobreviver, cagar, esbravejar, sei lá o quê. Assim... liberar-se... É tão fácil dizer para *os outros* o que fazer!

F: Gesticule com a mão esquerda ao falar.

S: Falar com a minha mão esquerda. Ok. Tá. Abe, eu não lhe dou permissão para ser a autoridade, o autocrata, o ditador, o capitão do navio. Eu não lhe dou permissão.

Abe: O que eu devo fazer?

S: Fazer parte da tripulação. Fazer parte da tripulação. Nem o capitão, nem o condenado, o que está prestes a ser rachado ao meio.

Jane, eu não lhe dou permissão para ser a grande vítima. Eu não lhe dou permissão para ficar... hã... triste o tempo todo. Não lhe dou permissão.

F: Agora faça uma combinação das duas. "Eu não lhe dou permissão nem lhe proíbo de..."

S: Huuum. Tá bem. Claire, eu nem proíbo nem permito... está certo?... É... eu nem proíbo nem permito que você...

F: Com a mão esquerda, por favor.

S: Desculpe. Eu nem proíbo nem permito que você... banque a atrizinha maltratada, a grande... hã... atriz sentimental.

Claire: Manda bala.

S: Peça o que você quiser. Tubo bem. Eu nem proíbo nem permito. Helena, eu nem proíbo nem permito que você seja você mesma. Você é ótima do jeito que é. Você não tem nenhum "atrativo" para mim agora. Por um tempo foi a estatueta chinesa, sabe?... Mas já passou. Glenn, eu nem proíbo nem permito que você fique fazendo piada quando está com medo... *[murmurando]* Blair, eu nem proíbo nem permito que você vacile entre o menininho triste, infeliz e acabado e o filho da puta autoritário.

F: "Fique na sua que eu fico na minha". Vá por aí.

S: Isso. Certo. Fique na sua que eu fico na minha. Nancy, hã... fique na sua, fique dentro da redoma; tudo bem: eu fico na minha.

F: Qual é a sua?

S: A minha? Oooh! *[risos]* Aaah! *[vexado]* Muito parecida com a sua, Nancy. *[risos]* Muito parecida. Deus! Eu me sinto vivo!

Dale: Você está vivo.

S: Fergus, fique na sua que eu fico na minha. Vá cambalear pelo deserto com suas pedras nos rins. *[risos]* Eu vou ficar dentro da minha *[ri]* redoma. Ah, meu Deus. Neville, fique na sua que eu fico na minha. Você pode ficar feito aquelas bolas de golfe espremidas, e eu vou ficando dentro da minha redoma e *[risinho]* de vez em quando vou dar uma olhada para ver o que está acontecendo, respirar um pouco, também. June, fique na sua que eu fico na minha. Continue com suas cenas, mudando de uma pra outra, e com a sua voz que... *[imita-a, esbaforido]* "Oooh! Tive uma experiência tão maravilhosa!"

[risos] Eu fico na minha, que é ficar dentro da redoma, observando você, dando uma escapadela de vez em quando. Bom... é isso.

Frank: Você se esqueceu do Fritz.

S: Ah, o Fritz. É mesmo. *[risos]* Hum... Fique na sua que eu fico na minha. Fique acomodado aí fumando seus cigarros de alface, bancando o Rei da Montanha e... Com quem *você* faz terapia, hein? *[risos] [expira]* Grande experiência. A cadeira nem esquentou. Como conseguem?

F: É só trabalhar *uma* projeção.

S: Certo. Certo.

F: Tanto faz qual projeção você escolha, desde que a trabalhe do começo ao fim.

S: É. Vivê-la de verdade. Realmente entrar na coisa.

F: É isso que pretendemos com este trabalho com projeções. Quando dá o "clique", você superou a projeção e ela terminou. Primeiro você olha por uma janela e de repente reconhece que está olhando para um espelho.

ANÁLISE

Identificação e preparo do terreno

O trabalho tem início com um anúncio de Steve: "Preciso cortar um cordão". Perls deve compreender o gesto e a comunicação, mas não estimula a continuidade da afirmação do cliente. Não se interessa pela interpretação, não aceita o convite; deixa a comunicação de Steve cair no vazio. Fica evidente que o cliente tem *a priori* uma interpretação do sonho que pretende relatar. Cortar o cordão umbilical significaria um rompimento com a mãe, a simbiose, a dependência, a busca de autonomia, um passo rumo à diferenciação da pessoa. Perls não assinala nem investiga a interpretação de Steve. O relato do sonho é que traz o material a ser focalizado.

Consenso

Steve inicia o relato do sonho e Perls não o interrompe. Nenhum trabalho de consenso é feito explicitamente. Indica-se que há consenso no decorrer do experimento. Diversos elementos do grupo participam da interação, sem que Perls os incentive ou impeça. Suas indicações, bem como as dos demais participantes, são prontamente seguidas por Steve.

Gradação

Não há preocupação com a gradação da dificuldade ou o ajuste da estratégia técnica às possibilidades de Steve. O que ocorre é uma espécie de coreografia, descrita adiante.

Awareness

Antes do relato do sonho não há nenhum trabalho com o objetivo de intensificar a *awareness* de Steve. Também não se pode afirmar como Perls o percebe no início. Ao longo do experimento, no entanto, há dois momentos em que ele favorece a presentificação de algo a que Steve não estava atento, que são fatores significativos para o desenrolar do trabalho: "Você percebe que está dando bicadas?" e "qual é a sua?" Ambas são perguntas estrategicamente bem colocadas, que conduzem à reorganização do campo perceptivo de Steve. Algo semelhante ocorre quando Perls sugere a Steve dizer a Dick o que fazer.

Localização da energia do cliente

Na primeira comunicação, Steve anuncia que há um trabalho e qual é a sua natureza *[cortar]*. Trata-se de um verbo com conotação ativa que necessita de força. A rapidez com que Steve inicia o relato do sonho, a fluência da fala dele, a maneira como, por conta própria, inicia o experimento, tudo isso revela grande prontidão energética.

Ao longo do experimento, essa prontidão energética mostrou-se muito produtiva. Steve teve um grande fôlego para referir-se a cada pessoa ali presente, bem como para acatar e seguir as instruções de Perls, que o incentivava a acentuar a energia em alguns momentos. Também revelaram uma grande disponibilidade energética as dramatizações que Steve fez (imitando June, falando com Claire, desempenhando o papel da velha senhora no sonho, por exemplo) e sua expressividade (os risos, o tom de vexado, o murmúrio).

Perls tira partido dessa energia em diversos momentos, fazendo indicações e sugestões de falas condescendentes, incentivando o uso das mãos e insistindo nele.

Focalização

Há um único foco: o que Perls chamou de *projeção*. O foco permanece ao longo de todo o episódio, e a projeção é abordada de diversos ângulos.

Perls conduz o trabalho nos moldes do professor de piano, que primeiro leva o aluno a exercitar uma das mãos, depois a outra, para finalmente incluir as duas. Interessante é observar que aí, também, o professor de piano fez que o aluno não apenas lesse a partitura (identificasse as notas e soubesse ritmá-las corretamente), mas também trabalhasse a expressividade na interpretação da peça (incluindo gestos e sugerindo com que intensidade os acordes deveriam ser tocados). Ao final, o pianista pareceu muito satisfeito com o som que obteve e perguntou ao professor qual o segredo do sucesso. Na resposta a Steve, Perls realmente explicita o foco e o método: *ir a fundo numa única projeção*. Explica que não importa qual projeção se escolha. Entende, então, que o trabalho foi concluído e a projeção se dissolveu. Observo, além disso, que o cliente esteve engajado cooperadoramente, contribuindo para a manutenção do foco e a consequente conclusão do experimento.

Construção de autossuporte

Perls parecia ciente do que fazia, no que diz respeito ao método empregado. Não aparece no episódio nenhum trabalho explícito de construção de autossuporte do psicoterapeuta. Quanto ao autossuporte do cliente, as instruções para a tonalidade afetiva e o uso de gestos o amparam.

Tema

Perls enfatiza apenas a questão da projeção, mais ao estilo de quem demonstra uma técnica e evidencia o que ela pode favorecer; não está particularmente interessado na temática. Em nenhum momento se nomeia o tema. No entanto, muitos surgem ao longo do episódio: a primeira fala de Steve denota um tema, como mencionado, e outros poderiam ser destacados aqui. Todavia, o que caracteriza o trabalho transcrito não é a elaboração e o processamento de um tema, mas a dissolução de um mecanismo de defesa. O foco é o mecanismo, não o que o levou a se formar e se manter.

Escolha do experimento

É interessante o que ocorre. Num primeiro momento, Steve escolhe uma modalidade de experimento: opta pela identificação com o elemento perturbador do sonho — a velha — e parte direto para o diálogo entre o sonhador e o elemento escolhido. Em seguida, perde-se ("estou na região intermediária"). Dessa forma, Perls dirige o experimento. Escolhe a identificação com (assunção de) uma qualidade do elemento escolhido por Steve: o aspecto condescendente da velha. Além disso, implanta esse aspecto num padrão de discurso e indica-o a Steve como um modelo a ser seguido e repetido diversas vezes. A estrutura central é dada por Perls, embora com base nas informações trazidas por ocasião do relato do sonho e dos comentários de Steve. A repetida aplicação do padrão e as diversas complementações da estrutura central ficam por conta de Steve. Outro componente da instrução é que o cliente deveria repetir o padrão dirigindo-se a cada um dos presentes, o que desencorajava o automatismo, incentivando a observação atenta. Perls privilegia o prestar atenção.

Ao longo do experimento, é retomada a forma da mesma instrução, com três alterações de conteúdo. Um elemento novo é introduzido nas instruções: o comportamento de dar bicadas. Isso já estava presente espontaneamente em Steve. O que Perls faz é aproveitar o gesto, incluindo uma alteração: que o faça com a mão esquerda. Além da instrução para o movimento corporal, Perls também sugere com que tonalidade afetiva ele deve pronunciar o seu discurso.

Insight e conclusão

Steve parece feliz com os resultados e quer saber como são alcançados. É interessante observar que ele lança a pergunta na terceira pessoa do plural ("Como conseguem?"), o que impessoaliza a questão. Ou seja, ele não se refere especificamente a Perls.

Ao responder à questão, Perls ocupa o papel do técnico e da autoridade no assunto. Tece comentários técnicos e teóricos a respeito do trabalho com a projeção, em que

- fica claro o que Perls entende por projeção: o que a pessoa julga perceber a respeito do outro, na verdade é uma característica sua;
- Perls entende que foi concluído o trabalho com a projeção, que está dissolvida;
- Perls entende que basta trabalhar uma única projeção, desde que se vá até o fim.

Algo permanece inconcluso, a meu ver. Parece-me que Steve entende que a projeção em questão é o fato de que ele vê o mundo através do vidro transparente de uma redoma, como Nancy, o que denota uma espécie de anteparo. Perls, por sua vez, a julgar pelo comentário que faz ao final, entende que Steve estava olhando no espelho todas as vezes em que pensou estar apenas percebendo o outro, o que se aplicaria a todos os participantes do grupo. O episódio foi concluído como se tivesse havido um uníssono compreensivo, o que não me parece possível avaliar com o material de que disponho. A informação final fornecida por Perls poderia ter gerado um *insight* em Steve, mas não se dispõe de informações sobre o que ocorreu a seguir.

Finalidade do trabalho

Com base nos últimos comentários de Perls, torna-se explícito que o trabalho em questão tinha como finalidade dissolver uma projeção, nos termos em que Perls a compreende. O método utilizado favorece, também, a auto-observação do cliente. Fica igualmente claro, com base no início do episódio (o anúncio de Steve, o relato do sonho e o início do trabalho, por deliberação de Steve), que são desfavorecidos os entendimentos do cliente anteriores à situação do *aqui e agora*.

Vínculo entre psicoterapeuta e cliente

O papel de cada um é claramente diferenciado. Perls coloca-se como diretor do trabalho, determinando o que deve ser feito a cada momento, evidenciando a sua condição de técnico (aquele que sabe como o trabalho deve ser conduzido) e professor (aquele que conhece o assunto tratado e pode teorizar a respeito). Há de se considerar que se tratava de um grupo de treinamento em psicoterapia. Steve tem o papel de cliente, aquele que se submete à técnica e a quem cabe seguir instruções e responder a perguntas. Importa apenas aquilo que surge (sejam pensamentos ou sentimentos) com base no experimento.

Não se dá nenhuma atenção ao que ocorre na relação psicoterapeuta--cliente. Nesse experimento, é flagrante que algo se passa entre Steve e Perls, conforme se observa no final, porém nada é assinalado. O clima entre ambos é aparentemente ameno. Há brincadeiras que emprestam uma atmosfera lúdica ao relacionamento. A linguagem é informal e coloquial no desenrolar do experimento. Entretanto, dos subterrâneos da relação parece emanar uma fumaça que sinaliza certa hostilidade de Steve, com claras conotações de inveja. Procura pessoalizar a relação com Perls no final. Perls silencia.

Os demais participantes do grupo tomam iniciativas, o que não é incentivado nem impedido. São também clientes e, como tais, têm participações auxiliares na situação experimental. Fazem-no espontaneamente.

Diretividade das intervenções do psicoterapeuta

As intervenções de Perls, de modo geral, consistiram em instruções e poucas perguntas. Ao final, tece comentários técnicos. Mostra-se muito confiante em seu método e procede assim por fidelidade ao método, ou às crenças nele contidas. Diz a Steve o que e como fazer. A liberdade de Steve se restringe ao texto oral que produz. Tudo que disser ou fizer condiciona-se previamente pelo modelo fornecido. Perls intervém no *formato* do discurso e não tanto no conteúdo. Intervém, também, no caráter que deve ter a expressão corporal (uso das mãos) e na tonalidade afetiva que deve ter o discurso (condescendência, por exemplo). O primeiro modelo é claramente extraído do relato do sonho (Steve menciona que a velha lhe dava permissão), e não é, portanto, uma invenção de Perls. O que ele faz é dar destaque e forma ao discurso. Nesse particular, é fiel ao material trazido por Steve. Daí por diante, todas as demais construções são proposições de Perls, derivadas da primeira ("faça o contrário agora"; "agora faça uma combinação das duas"). O assinalamento do gesto corporal (dando bicadas) e a consequente sugestão (uso da mão esquerda) surgem do movimento espontâneo de Steve. As *modificações* e experimentações (inverter, usar o contrário, combinar) são da autoria de Perls.

Chama-me a atenção o movimento de explorar o inverso, o negativo, o contrário, elementos que surgem com frequência. Há um padrão técnico aí: toma-se uma estrutura de discurso de conteúdo incômodo; enfatiza-se a estrutura; propõe-se ao cliente que assuma a estrutura como sua, com tonalidade afetiva e gestos pertinentes; propõe-se um exercício nos moldes de *substitution drills*, em que as substituições serão da autoria do cliente; o discurso deve ser relacional, ou seja, o cliente deve falar a *alguém*; inverte-se o padrão discursivo, usando o oposto ou a negativa, e aplicam-se os mesmos passos à nova estrutura, com um novo *substitution drill*; combinam-se as duas estruturas e repete-se o procedimento; o psicoterapeuta formula perguntas sempre que puder provocar uma resposta que complemente o discurso do cliente. Por exemplo: se o padrão discursivo é negativo — "eu o proíbo de fazer tal coisa" —, a pergunta pode ser "o que ele deve fazer, então?" A receita teve sucesso, visto que naqueles momentos Steve foi capaz de se dar conta de alguma coisa significativa a seu respeito. O método promove novidades, opera mudanças perceptuais e resulta em descobertas significativas para Steve.

Recursos terapêuticos utilizados

Identificação com *um* aspecto psicológico de um dos elementos do sonho (no caso, o elemento é a velha; o aspecto destacado foi a condescendência: aquela que dá permissão); fornecimento de um modelo de padrão discursivo a ser repetido nos moldes de um *substitution drill*; combinação de ambos os padrões; uso de gestos polares em relação aos gestos apresentados espontaneamente pelo cliente; explicitação teórica.

O experimento propriamente dito

Considero que o experimento se inicia na terceira fala de Steve, no momento em que ele relata o seu sonho. Portanto, incluo o relato no experimento.

- Antes de relatar o sonho, Steve faz um preâmbulo cheio de avaliações subjetivas. Fala de um sonho chato, insípido, maçante, repetindo o padrão *pesado* do episódio anterior. Parece antecipar-se à depreciação que o outro supostamente faria, criticando-o para não ser criticado. A atitude pretende gerar no outro uma avaliação mais positiva, por compensação. Só se permite ocupar espaço depois que suscitou alguma condescendência no ambiente. Percebe a velha do sonho como a sua mãe, à qual se sente ainda ligado por um cordão umbilical. O aviso oculta um pedido, um desejo de que Perls e os demais o ajudem a cortar o cordão umbilical — a solicitação de uma interdição paterna. Esse anúncio fica mesmo um bocado ambíguo. Por um lado há um movimento de iniciativa e autonomia, numa atitude adulta, de quem sabe que tem uma tarefa de sua responsabilidade e se propõe a cumpri-la. Por outro lado, aparece nas entrelinhas uma exacerbada preocupação com o outro e com o ambiente, em que Steve parece mais estar em busca de *permissão* para o que tem de fazer. Perls limita-se a manifestar estranheza diante da primeira fala de Steve. O relato do sonho é basicamente descritivo do ambiente onde se encontra o sonhador. Trata-se de uma cena de natureza modificada pelo homem: uma lavoura após a colheita, com resíduos e mato (*weeds*, ervas daninhas), que crescem espontaneamente na terra. Após sofrer a intervenção do homem, a natureza retoma o seu ritmo. Além do mato, há flores e um carvalho, cuja presença Steve menospreza, dizendo parecer-lhe irrelevante. Os verbos utilizados são de ligação e descritivos. O único verbo de movimento empregado refere-se ao passado. Steve destaca como central o surgimento da figura tênue de uma velha com quem o sonhador se relaciona. A velha lhe dá permissão para apanhar as flores e fazer o que quiser.

- Outro aspecto do sonho: o término de um ciclo; é fim de colheita. Steve termina o relato comentando que, na vigília, ele desgosta da participação da velha, enquanto no sonho ele não se incomodava com ela. Na atitude consciente, parece um pouco indignado com a velha. Inicia um diálogo ativo com a personagem e vai tirar satisfações com ela. Inverte os papéis. A velha começa a responder, mostrando-se magoada e ofendida com Steve (ele não teria compreendido as boas intenções dela; então, imputa-lhe o sentimento de culpa).
- Perls instrui Steve a trabalhar a projeção. Dá um modelo e determina a tonalidade com que as falas devem ser ditas. Deve dirigir-se a cada um dos presentes. Com isso, Perls rompe com o estilo de diálogo entre partes, tal como Steve o iniciara, e força a assunção da atitude própria da personagem do sonho. Perls tem a iniciativa de eleger, a meu ver, o que lhe parece o núcleo dessa atitude, traduzindo-o em termos de linguagem e propondo uma estrutura para o discurso de Steve. Em outras palavras, o sentido da instrução é: faça com cada um aqui exatamente aquilo que o deixa indignado quando o fazem com você. Faça-o repetidas vezes e seja convincente.
- Steve acata e segue a instrução de Perls com grande prontidão e fluência, com algumas alterações: entremeia as estruturas sugeridas com alguns imperativos, o que acentua a tonalidade condescendente, permissiva, sugerida por Perls, além de iluminar o caráter de disfarçado autoritarismo do personagem. Observa-se que ele tinha o que dizer a cada um na ponta da língua. Refere-se a características de cada pessoa reveladas pelos diversos experimentos do *workshop*. Para cada um ele tem uma sugestão e, também, uma apreciação valorativa. As características de personalidade valorizadas (e permitidas) por Steve são múltiplas e provavelmente englobam os atributos que em si ele gostaria que

fossem aceitos com benevolência (poder ser um menininho, ser durão, ser doce, ser confuso etc.). Steve parece não encontrar dificuldade alguma em seguir a instrução de Perls. Quando a autoridade é ele, não há desconforto nem desagrado.

- Perls dá a segunda instrução a Steve. É quase idêntica à primeira, e a estrutura sugerida é negativa. Dessa feita, Steve deve expressar o que ele proíbe. Perls nada diz sobre a tonalidade a ser utilizada.
- Do mesmo modo que antes, Steve ecoa e acata a instrução de Perls. Os ecos indicam controle sobre a autoridade de Perls. Seu discurso, aí, não é tão fluente quanto na fase anterior. Há hesitações e algumas frases descontínuas. Ele não deixa algumas pessoas serem autônomas.
- Perls interrompe Steve para chamar a sua atenção para uma expressão corporal e uma atitude que surgiram espontaneamente. Steve está dando bicadas com a mão direita. Perls apenas flagra a linguagem do corpo e faz uma leitura interpretativa: decodifica o gesto como dar bicadas. A ave bica para atacar e defender-se e para abocanhar o alimento que necessita. Ocorre uma agressão e uma apropriação. Nesse assunto, Steve estaria a um só tempo crítico e sedento perante o objeto.
- Steve parece meio perdido com o assinalamento.
- *Short excursions* são movimentos para fora, desvios a partir de um eixo principal, como uma vibração. Indicam um movimento mecânico e repetitivo, como o masturbatório, o da britadeira. São também dispersões, fugas de um assunto. Mas são principalmente excursões, ou seja, movimentos para fora, breves e tímidos, condizentes com uma pessoa acentuadamente introvertida.
- O que Perls diz parece ter algum sentido para Steve, mas ele não sabe o que *fazer* com o assinalamento.
- Perls lhe *dá permissão* para não saber o que fazer, o que gera risos entre os participantes. De forma jocosa, Perls assume brevemente o papel do condescendente e, como efeito colateral, testa a reação de Steve a um condescendente *aqui e agora*. Steve se perde diante de uma figura assim e não sabe o que fazer.
- Steve diverte-se com a passagem e brinca com Perls. Ele não imaginava que Perls pudesse autorizá-lo a fazer alguma coisa. Quando o controle está em outras mãos, Steve se perde e consequentemente se submete. Em seguida, com a tonalidade afetiva modificada (ri e fala mais

devagar), Steve retoma o que vinha fazendo: volta a falar com Dick, o mesmo participante com quem se comunicava antes de ser interrompido. Dick empaca. (Interessante observar que estar perdido era uma forma de empacar.)

- Perls emite a terceira instrução, ligada à última fala de Steve. O sentido é: se você não permite que ele fique empacado, então lhe diga o que deveria fazer. A proibição pressupõe um valor sobre o que é certo e o que é errado.
- Um momento terapêutico, de conscientização. Steve percebe que Dick tem uma característica que é também sua: empacar. E tem a solução para a dificuldade: para desempacar, vale tudo. Dá-se conta de que é muito mais fácil encontrar saídas para o outro do que para si mesmo. De fato, quem não sabe ser autoridade, facilmente se torna autoritário, seja qual for a forma particular de se expressar, quer condescendente, quer um ditador. Em qualquer caso, corresponde ao controle que exerce sobre o outro, um controle sobre si mesmo e os seus conteúdos. O autoritário é um guardião do superego.
- Instrução de Perls para que Steve fale utilizando a mão esquerda. (A mão direita era a das bicadas, a mão masculina a do controle.) Com isso, o que era automático pode tornar-se consciente.
- Steve repete a instrução de Perls antes de acatá-la (ecoa). Em seguida, a fala de Steve destaca a autoridade de Abe, um homem. É uma fala bastante enfática. Steve encontra diversos sinônimos — os equivalentes psicológicos, segundo o seu universo de valores — de autoridade (o autocrata, o ditador, o capitão do navio) para impedir Abe de ocupar o papel.
- Abe repete a Steve a pergunta que Perls formulou anteriormente. Quer saber qual é a proposta alternativa.
- Steve tem a saída para a autoridade autocrática de Abe: não ser nem o capitão nem o condenado; simplesmente ser mais um tripulante. Não há indício explícito de Steve ter ouvido para si o que disse a Abe, pois logo se dirige a outra pessoa, para quem tem, também, uma solução de equilíbrio.
- Nova instrução de Perls. Dessa vez, Steve deve dizer que não permite nem proíbe alguém de fazer alguma coisa. Perls diz a Steve que combine as estruturas anteriores.

- Steve parece encontrar alguma dificuldade com a consigna. Faz uma inversão de ordem, à qual Perls parece não dar muita importância, e repete-a para conferir se está certo. O ecoar, dessa vez, é uma tentativa de obedecer. Deve ocultar um desejo inconsciente de inverter posições com Perls. A consigna exigiu um esforço maior de Steve.
- Perls insiste no uso da mão esquerda.
- Steve desculpa-se e continua o exercício, dirigindo-se o outro participante. O pedido de desculpas vem do menino obediente. O assinalamento à companheira de grupo enfatiza o exagero, traço presente no episódio anterior.
- Claire, a pessoa a quem Steve se dirigiu, reforça (acatando) a fala de Steve usando a expressão "manda bala", o que evidencia o caráter solto e assertivo que a atitude de Steve ganhou. Embora o espírito do discurso seja o de retirada da autoridade (nem permito nem proíbo), o exercício da crítica permanece e desloca a autoridade *imperativa* para a autoridade *perceptiva* (Steve ganha ares de diagnosticador, o que o equipara a Perls, um objeto de inveja).
- Steve reage ao pedido de Claire, dizendo que ela pode pedir o que quiser. Nem proíbe nem permite. E também não se compromete. É pura sedução. Em seguida, continua dirigindo-se aos demais.
- Nova instrução de Perls, oportuna, aproveitando o tom das falas de Steve. Ele capta o *espírito* das falas e dá um modelo para a continuidade das comunicações: "Fique na sua que eu fico na minha". Desfaz um pouco do caráter autoritário que persistia nas falas de Steve. Assim, não se trata apenas de um procedimento tecnicamente estruturado: há um ligeiro influir.
- Isso faz sentido para Steve, que logo se dirige a Nancy e lhe diz que fique na dela, "dentro da redoma". E afirma que vai ficar na dele.
- "Qual é a sua?" — pergunta Perls. Até aqui, o discurso referia-se essencialmente ao outro e era muito pouco ou nada autorreferente. A pergunta contribui mais claramente para que Steve volte a atenção para si mesmo. Caso contrário, aí se favoreceria uma saraivada de projeções, sem contar que poderiam ser percebidas como desejáveis, saudáveis e... permitidas.
- Este é outro momento claramente terapêutico para Steve, envolvendo a presentificação de uma percepção ou conscientização. Ocorreu aí a

percepção de uma projeção. Steve identifica como sua a característica que percebe em Nancy: alguém que fica dentro de uma redoma, em clara referência a uma atitude defensiva, protegida e, mais precisamente, introvertida. O passarinho, quando preso na gaiola, pode ter acesso ao exterior dando bicadas para fora, com breves expressões extrovertidas. Nesse momento, há várias manifestações emocionais em Steve, verbais e não verbais. Ri um pouco envergonhado com a sua descoberta. Diz que se sente vivo! As reações de Steve assemelham-se a uma vivência de orgasmo, certamente não sem constrangimento.

- Dale, um dos participantes, reforça o sentimento de Steve. Algo ocorreu com este, uma energização ou vitalização, perceptível ao observador externo, como Dale. A habitual sensação de peso deu lugar a uma vivacidade e maior leveza.
- Steve parece mesmo muito mais solto e muito mais expressivo. Mostra-se contente com a sua descoberta. Percebeu *qual* era a dele e *que* pode ficar na dele. Isso parece ter gerado um franco sentimento de liberdade. Quando se percebe com mais nitidez, é capaz de perceber também o outro com mais nitidez. Dirige-se a três outras pessoas e dá-se por satisfeito.
- Frank, um dos participantes, intervém para dizer a Steve que ele se esqueceu de dirigir-se a Perls. (Nesse episódio, os participantes tomam iniciativas no desenrolar do experimento de forma espontânea, revelando intimidade com Steve e bastante sintonia com a condução de Perls.) Parece-me muito perspicaz a observação de Frank, pois de alguma maneira é flagrante a existência de um movimento emocional intenso naquele relacionamento.
- Steve acata a lembrança de Frank e dirige-se a Perls. O clima nessa fase é jocoso. Dá destaque à autoridade de Perls e brinca com ele, perguntando-lhe com quem faz terapia. Isso gera risos entre os participantes. A brincadeira tem um fundo agressivo. Perguntar a Perls com quem ele faz terapia é o mesmo que lhe dizer que ele não está com a bola toda, como imagina. Steve não consegue ser humilde e aceitar a sua condição de cliente naquela situação. Além disso, o experimento resultou num inusitado exercício de extroversão para uma pessoa acentuadamente introvertida. Acostumado à gaiola, o passarinho extroverte-se de um modo um pouco exagerado e desajeitado. Sente-se livre e capricha nas

bicadas. A rigor, não são agressivas. Podem ser vistas como tentativas autênticas de entrar em contato.

- O experimento propriamente dito se conclui. No entanto, o diálogo entre Steve e Perls continua. Steve quer saber como se realiza o trabalho, ou seja, quer se apropriar da técnica de Perls, o objeto da sua inveja. Perls limita-se a responder à pergunta de Steve sem questioná-la, iniciando uma fase de teorização.

PARTE III

Sementes lançadas

Descrição do método

Guardadas as especificidades de cada experimento, identifica-se com razoável precisão um padrão geral e único utilizado para a condução de experimentos com sonhos. A seguir, descreverei o método empregado por Perls em seus aspectos estáveis e uniformes e também mencionarei nuanças e variantes que diversificam o procedimento e sinalizam as múltiplas possibilidades de repertório e recursos reservadas ao condutor do experimento.

O ponto de partida do trabalho é o relato do sonho.

Se o relato é entrecortado, descontínuo, de difícil compreensão, estruturado com alguma estereotipia de linguagem, hesitante, cheio de pausas ou acompanhado por manifestações emocionais de alguma forma evidentes, o psicoterapeuta intervém a fim de

- investigar o sentimento presente;
- investigar como o sentimento é experienciado em sensações corporais;
- incentivar a expressão do sentimento para aquele ou aqueles diante de quem é experienciado; o interlocutor pode ser presente ou imaginado;
- solicitar a retomada do relato do sonho.

Se o relato é fluente, contínuo, comunicado de forma inteligível, sem hesitações, sem manifestações emocionais evidentes (suspiros, olhares evitados, tremores etc.), o psicoterapeuta propõe o experimento (veja o diagrama na página seguinte).

A proposição do experimento é sempre identificar o sonhador com um elemento do sonho. A instrução é de que o sonhador assuma a voz do elemento escolhido e fale por ele no presente, na primeira pessoa do singular. A identificação pode ser feita (entre várias alternativas)

- com uma personagem do sonho;
- com um objeto ou uma situação do sonho, explícito ou elíptico;
- com uma personagem do sonho, de modo que retome o relato com a personagem no papel de narrador;

DESCRIÇÃO DO MÉTODO

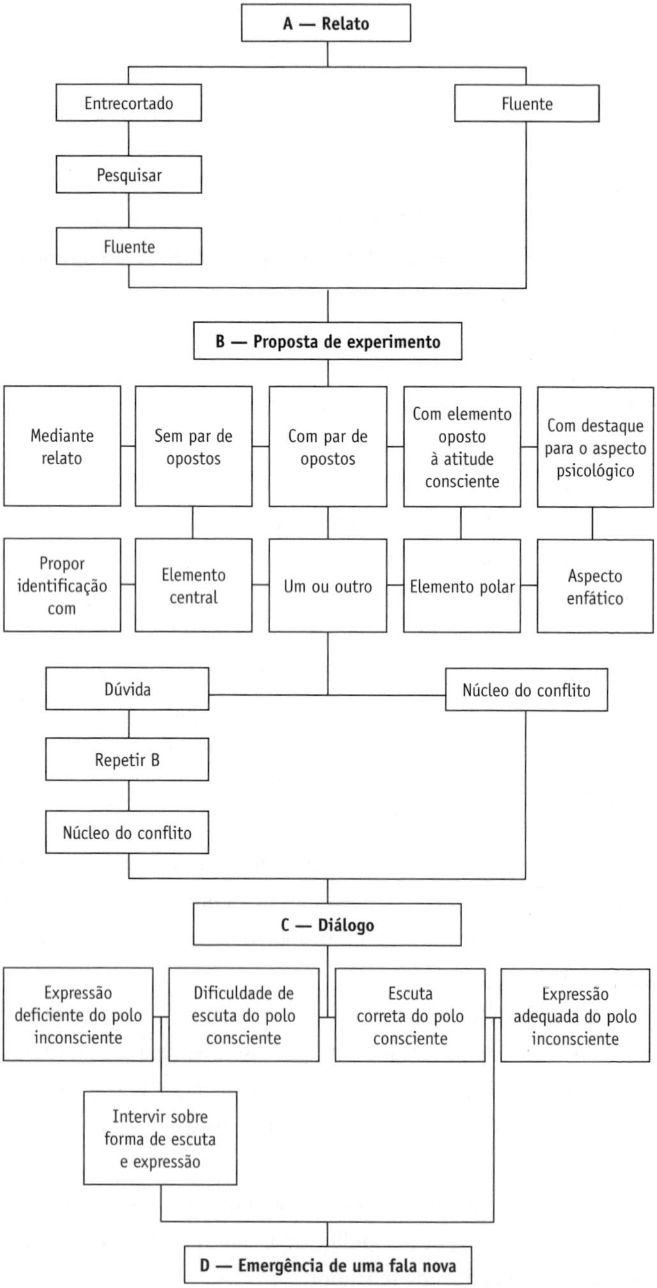

- com *um* aspecto psicológico de uma personagem do sonho; nesse caso, pode-se fornecer um modelo de padrão discursivo representativo daquele aspecto psicológico; o cliente é levado a retirar-se do contexto do sonho para adentrar o contexto do momento e comunicar-se com o(s) interlocutor(es) por meio do padrão discursivo sugerido.

Critérios para a escolha do elemento do sonho com o qual ocorrerá a identificação:

- Se o relato é breve, descritivo de uma situação harmônica, sem incluir pares de opostos, pode-se eleger o elemento central do sonho, o mais abrangente, o mais amplo. Adentra-se a identificação inicial até que se possa diferenciar um par de opostos ou um contraste à situação harmônica referida anteriormente.
- Se o relato inclui um polo oposto à atitude básica do "eu" do sonho, elege-se esse elemento.
- Se o relato inclui dois elementos que são clara ou potencialmente um par de opostos, elege-se um ou outro.
- Se o relato destaca um aspecto psicológico (traço de personalidade, atitude característica) de uma personagem do sonho, elege-se esse elemento.

Finalidade do trabalho: promover o diálogo entre os pares de opostos com atenção à expressão das necessidades, aos desejos ou ao simples reconhecimento do polo desprivilegiado pela atitude consciente do cliente, isto é, o conteúdo projetado.

Como proposição geral, o psicoterapeuta faz uma pesquisa, sempre se utilizando da identificação, na tentativa de localizar a polaridade *correta*, ou seja, aquela que comporta a maior carga energética; aquela que emerge em alto relevo; a mais carregada de emoção; aquela que em todas as etapas da pesquisa revela-se uma síntese do conflito que requer solução no psiquismo do cliente; aquela que evidencia uma clara oposição entre a atitude consciente, adaptada, diferenciada, habitual, conhecida, cristalizada e o conteúdo inconsciente, desconhecido, indiferenciado, primitivo, rejeitado e, consequentemente, projetado em algum aspecto do sonho.

Localizada a polaridade central, o psicoterapeuta sugere o diálogo entre os polos. Antes de discorrer sobre essa etapa, porém, descrevo alguns moldes nos quais se pode empreender a pesquisa referida.

Como no primeiro sonho de Jane, o psicoterapeuta pode "testar" o encontro (o diálogo) entre alguns elementos do sonho, na tentativa de averiguar até que ponto aqueles conteúdos são magnéticos e envolvem uma oposição clara. Para orientar-se na pesquisa, o psicoterapeuta emprega recursos como

- atentar para as características formais do discurso do cliente; se ocorrem interrupções, descontinuidades, hesitações, entrecortes, ele procede como no caso dos relatos entrecortados; incentiva a inclusão da informação assim obtida no diálogo que se processa entre os elementos escolhidos;
- atentar para a força expressiva ou as nuanças na voz do cliente e propor a ele que se identifique com a voz; daí podem emergir conteúdos significativos e úteis para a continuidade do experimento;
- atentar para os gestos que o cliente faz com as mãos; nesses casos, favorecer a conscientização ou presentificação dos movimentos de cada mão. Segue-se um diálogo entre elas; gestos e movimentos manuais são considerados polares e podem representar a polaridade central que está sendo pesquisada. O pressuposto (conforme se explicita no primeiro sonho de Jane) é que os lados direito e esquerdo veiculam respectivamente os aspectos masculino e feminino da pessoa. Depreende-se também do conjunto dos experimentos que a linguagem corporal-gestual talvez consiga expressar o que a linguagem verbal distorce ou não apreende;
- retomar o sonho para propor outra vez a identificação com o mesmo elemento escolhido inicialmente; nesses casos, eventuais obstáculos e resistências surgidos na primeira tentativa podem ter sido dissolvidos com um ou alguns dos recursos citados antes; assim, a nova tentativa tem maior probabilidade de sucesso;
- retomar o sonho para propor a identificação com um elemento diferente do escolhido de início.

Todos esses recursos servem para trilhar o caminho da energia do cliente, onde quer que sinalize pulsar mais significativamente. Em outras palavras, sempre se busca a polaridade mais próxima do núcleo do conflito da pessoa.

Em outros casos, como no sonho de June, se ciente da presença no sonho de um elemento claramente polar em relação à atitude consciente do cliente, o psicoterapeuta pode promover o afloramento do conteúdo polar inconsciente, levando o cliente a contatar e experienciar dramaticamente as emoções, os afetos e mesmo as ações — imaginadas — associadas a ele. O procedimento envolve uma instrução principal para que o cliente desempenhe o papel do (identifique-se com o) polo projetado: a tarefa deve ser levada até o fim pretendido, ou seja, o reconhecimento e a atuação — imaginada — do desejo inconsciente. Surgindo resistências, levitações e esquivas, o psicoterapeuta pode graduar ou modificar a instrução principal em seus detalhes periféricos, desde que não altere o núcleo da instrução nem fuja à meta almejada.

Concluída a pesquisa e identificada a polaridade central, o próximo passo é sugerir o diálogo dramático entre os polos, de maneira que o cliente desempenhe de modo alternado o papel de um e de outro. Nessa etapa, o psicoterapeuta observa com atenção a atitude de cada um dos polos para com o polo oposto, com especial atenção à atitude do polo consciente para com o inconsciente. A finalidade do diálogo, conforme explicitada anteriormente, é fazer que o polo consciente *ouça* devidamente as necessidades e os desejos do polo inconsciente. Essa *escuta* é bastante bem vigiada pelo psicoterapeuta, cuja atitude é a de um advogado com atenção refinada às sutilezas da comunicação. Com tal atenção, ele impedirá que o polo consciente realize as suas habituais falcatruas, estratégias de defesa e boicotes ao polo inconsciente. Em lugar disso, promove-se o respeito e um novo acordo entre os polos, diversos da repressão. A nova atitude é obtida graças ao fato de o psicoterapeuta criar condições para uma expressividade mais clara e contundente do polo inconsciente, que, por ser até então indiferenciado e inconsciente, não encontrara caminho por entre as amarras da consciência da pessoa. Para tanto, o psicoterapeuta *ouve* e dá voz *de consciência* ao polo inconsciente, sugerindo padrões de linguagem e modelos para a sua comunicação. Em outras palavras, o psicoterapeuta instrumentaliza o polo inconsciente para relacionar-se com o polo consciente com *os mesmos* recursos característicos do último.

Recursos utilizados pelo psicoterapeuta para assegurar a correta comunicação do polo inconsciente para o polo consciente:

- fornecimento de modelos de padrão discursivo que buscam enfatizar e destacar o cerne de uma atitude;
- instrução para que o cliente repita uma sentença proferida quando ela expressa uma necessidade, um desejo, uma intenção ou um pedido;

- sugestão de uma tonalidade afetiva para o discurso a ser proferido;
- sugestões para que o cliente especifique uma comunicação genérica ou detalhe uma informação abrangente;
- sugestão para a utilização de gestos ou movimentos corporais condizentes com dada comunicação verbal;
- assinalamento de desarmonias entre a expressão verbal e a expressão corporal de uma comunicação, para atingir um uníssono;
- perguntas para suscitar respostas capazes de ampliar, especificar ou oferecer algum tipo de continuidade para o discurso do cliente.

As intervenções verbais

CLASSIFICAÇÃO

Instrução

É toda intervenção que, de alguma maneira, prescreve um comportamento (ex.: "Agora feche os olhos"). Almeja preparar o cliente, suscitando uma prontidão para receber uma indicação ou comando (ex.: "Vamos retomar o sonho desde o começo"). Segue-se a uma instrução específica.

Tipos de instrução

- *Imperativa*: é formulada como determinação ou imposição (ex.: "Seja a lavoura").
- *Interrogativa*: é formulada como pergunta, porém implica um comando (ex.: "O que o silêncio responde?") que poderia ter sido formulado como "agora seja o silêncio").
- *Modelo*: consiste numa estrutura linguística fornecida pelo psicoterapeuta, a qual deve ser utilizada pelo cliente em sua próxima fala. Aparece entre aspas na transcrição do episódio (ex.: "Diga a cada um de nós: 'Eu lhe dou permissão. Eu o autorizo...'").
- *Sugestiva*: implica uma proposição genérica (ex.: "Vamos tentar de novo") ou uma sugestão em que, a julgar pelo significado explícito da proposição, se preserva a possibilidade de o cliente acatá-la ou não, segundo os seus critérios. Diferencia-se de uma indicação impositiva, como a instrução imperativa (ex.: "Agora confira e veja se serve para você").
- *Alternativa*: possibilita a escolha do cliente, denotada pela linguagem da formulação (ex.: "Ok, Jane. Acho que você pode trabalhar isso sozinha").
- *Autorreferente*: aquela em que o psicoterapeuta expressa um desejo próprio, uma opinião etc. (ex.: "Agora eu quero que você volte para cá").
- *Descritiva*: descreve o comportamento que o sonhador deve ter ou tem, ou o elemento do sonho que deve proferir uma fala (ex.: "Ainda é o Paul quem está sonhando").

Abrangência das instruções

- *Específica* (ou *principal*): contém o núcleo de um foco, com a ideia central do procedimento (ex.: "Faça um discurso sobre a vida ser um parque de diversões").
- *Genérica*: expressa a ideia geral da intenção do psicoterapeuta, preparando o cliente para uma mudança de foco ou situando-o quanto ao procedimento (ex.: "Vamos retomar o sonho desde o começo").

Funções das instruções

- *Delimitação do foco*: indica eleição ou mudança de foco, por iniciativa do psicoterapeuta (ex.: "Seja uma mulher de 35 anos que conversa com essa menina").
- *Detalhamento*: trata-se de uma instrução auxiliar da específica, acentuando ou aprofundando o foco em um dos seus aspectos (ex.: "Seja também o bombardeiro. Vá para o Vietnã").
- *Repetição*: leva o cliente a proferir novamente uma fala, a critério do psicoterapeuta, em situação de interação ou não (ex.: "Diga isso de novo").
- *Mudança de interlocutor*: delimita o início da fala de uma personagem do sonho ou do sonhador quando em situação de interação, apenas em diálogo entre partes do sonho (ex.: "Agora diga adeus a Jane").
- *Reforço ou retomada do foco*: serve para resgatar o foco escolhido pelo psicoterapeuta, geralmente utilizado quando o discurso do cliente revela evasão ou quando o trabalho focal desenvolvido até então se mostrou insuficiente (ex.: "Insista no movimento").
- *Interação com o ambiente*: indica que o sonhador deve ausentar-se do contexto do sonho e voltar-se para o contexto do ambiente, o que inclui ou não os demais participantes do grupo, bem como o psicoterapeuta (ex.: "Diga isso também para o Raymond").

Influências exercidas pelas instruções

- *Corpo*: a instrução assinala uma referência a alguma parte do corpo ou envolve a observação de um dado corporal (ex.: "Preste atenção nas suas mãos").
- *Conteúdo*: a instrução especifica ou destaca um aspecto do discurso do cliente a ser desenvolvido conforme a prescrição. Pode ou não incluir

um modelo (ex.: "Agora diga: 'Fico aguardando uma oportunidade para bancar a vítima', ou coisa parecida").

- *Tonalidade afetiva*: quando o psicoterapeuta orienta o cliente a proferir uma fala com determinada emoção (ex.: "Seja condescendente").

Esclarecimento das instruções

Faz-se o esclarecimento quando o comportamento do cliente revela incompreensão, compreensão parcial ou dúvida a respeito da instrução recebida (ex.: "Além disso, mais alguma coisa? Ela quer parar? Quer se estender? Não consigo decifrar a sua mão direita").

Interpretação

Incluo nessa categoria tanto os assinalamentos descritivos quanto as percepções que o psicoterapeuta tem e escapam ao alcance da consciência do cliente. São leituras que o psicoterapeuta faz acerca do que observa, e ele se antecipa ao cliente na denúncia da sua dinâmica. São hipóteses, porém raramente formuladas hipoteticamente. Procuram verbalizar o que o cliente não tem presente no primeiro plano da consciência (ex.: "Você diz *e*, *e*, *e* como se tivesse medo de deixar os fatos falarem por si").

Esclarecimento de dúvidas

Esse tipo de intervenção pretende esclarecer ou especificar instruções não compreendidas ou responder a questões formuladas direta ou indiretamente pelo cliente (ex.: "Tanto faz, desde que você mate").

Explicitação de procedimentos

Sinaliza os motivos que levam o psicoterapeuta a agir de determinada maneira ou seguir por certo caminho. Revelam de algum modo o raciocínio do psicoterapeuta na condução do experimento (ex.: "Quero começar do princípio").

Consulta ao cliente

Consiste em perguntas de diversas naturezas feitas ao cliente, quer para obter uma informação desconhecida, quer para averiguar a validade da percepção do psicoterapeuta (ex.: "É quando você a tira do lixo?").

Autorreferência

Intervenção feita na primeira pessoa do singular com o propósito de instruir, opinar, posicionar-se ou expressar desejos (ex.: "Não consigo decifrar a sua mão direita").

Confirmação

Intervenção que tenciona validar a percepção ou a verbalização do cliente, seja a manifestação de uma compreensão nova e apropriada (ex.: "Isso mesmo, isso mesmo"), seja a confirmação da compreensão de uma instrução (ex.: "Trazê-los de volta à vida").

Clarificação do discurso

O psicoterapeuta recorre à própria linguagem para verbalizar com clareza ou concisão o que o cliente tenta expressar (ex.: "Seria artificial").

Descrição de comportamentos

O psicoterapeuta descreve o comportamento do cliente, podendo incluir uma interpretação, segundo os seus critérios (ex.: "Quando você recolheu a mão direita, percebi que ela é o irmão e a esquerda é Jane").

Inclusão do psicoterapeuta

O psicoterapeuta participa ativamente como estratégia para o desenrolar do experimento (ex.: "Tente me alcançar com ela…").

Informação teórica

Comentário ou preleção de cunho teórico e informativo (ex.: "A mão direita geralmente é o lado masculino da pessoa").

Presentificação do discurso

O psicoterapeuta retoma uma particularidade do discurso do cliente para esclarecer ou recuperar a memória ou mesmo dar continuidade ao procedimento técnico (ex.: "Você quer segurá-lo; ele quer se libertar").

Recapitulação

Referência a etapas anteriores do experimento, cujas temáticas, de alguma maneira, guardam identidade ou semelhança com aquela tratada no momento em que a intervenção é feita (ex.: "Você percebe que isso é uma continuação da sessão anterior?").

Pode-se classificar cada intervenção concomitantemente em mais de uma categoria e subcategoria, como ilustram as tabelas (p. 166-183).

OBSERVAÇÕES

Praticamente todas as intervenções verbais do psicoterapeuta são instruções (examinarei as exceções a seguir) ou as auxiliam, o que faz delas o modo básico de interação com o cliente.

Identificam-se sete tipos de instrução, de acordo com o modo como são formuladas. O mínimo denominador comum entre elas, contudo, é a instrução imperativa, pois todos os demais tipos poderiam ser traduzidos como um comando ou uma determinação (a recíproca nem sempre é verdadeira). Por exemplo, "o que ela diz?" poderia ter sido formulada como "seja ela agora".

Instruções sugestivas, alternativas e interrogativas suavizam o caráter imperativo das instruções, aparentemente deixando margem para as escolhas ou indicando algum tipo de participação ativa, consciente do cliente.

Instruções autorreferentes acentuam o fato de que o comportamento prescrito ao cliente atende a um desejo do psicoterapeuta ("Agora eu quero que você volte para cá").

As intervenções que influenciam ou envolvem movimentos corporais enfatizam um ou mais destes três aspectos:

- olhos abertos ou fechados, sem distinguir claramente um critério de como o cliente deva se comportar. Em algumas oportunidades o cliente deveria fechar os olhos para concentrar-se em suas sensações corporais; em outras, fechar os olhos facilitaria acompanhar uma fantasia dirigida;
- mãos: o psicoterapeuta parece especialmente atento ao movimento expressivo das mãos do cliente, assinalando-o com frequência, sugerindo modificações (por exemplo, inversão da lateralidade) ou dirigindo a atenção dele para aquela parte do corpo, a título de experimentação e consulta, para intensificar a expressividade;
- expressividade: nesses casos, as sugestões são genéricas, e o psicoterapeuta indica que uma ideia deve ser comunicada mediante algum tipo de expressão corporal.

TABELA I — O SONHO DE JUNE

INTERVENÇÕES	INSTRUÇÕES																		OUTRAS CATEGORIAS DE INTERVENÇÃO												
	TIPOS							ABRANGÊNCIA		FUNÇÕES						INFLUÊNCIAS															
	Imperativa	Interrogativa	Modelo	Sugestiva	Alternativa	Autorreferente	Descritiva	Específica	Genérica	Delimitação do foco	Detalhamento	Repetição	Mudança de interlocutor	Reforço/retomada do foco	Interação com o ambiente	Corpo	Conteúdo	Tonalidade afetiva	Esclarecimento de instruções	Interpretação	Esclarecimento de dúvidas	Explicação do procedimento	Consulta ao cliente	Autorreferência	Confirmação	Clarificação do discurso	Descrição do comportamento	Inclusão do psicoterapeuta	Informação teórica	Presentificação do discurso	Recapitulação de trabalhos
Seja o piloto...	■							■		■																					
Seja também o bombardeiro. Vá para o Vietnã.	■										■			■																	
Então volte e atire as bombas de novo naquele carro.	■										■																				
Muito barulho por nada.																				■											
Você não pode fazer nada contra si mesma...																				■											
Você está a salvo...																				■											
Vamos tentar de novo.				■					■					■																	
Seja o bombardeiro e atire bombas de napalm nos vietnamitas.	■										■			■																	
Então arranje mais alguém pra matar.	■										■			■																	
Tanto faz, desde que você mate.																					■	■									
Não entendi o que você resmungou aí																								■							
Quer nos contar?																							■								
Você não é obrigada; só se quiser.					■				■																						
A piscina de quem?																							■								
Diga isso para o grupo.	■														■																

TABELA I — O SONHO DE JUNE [CONT.]

INTERVENÇÕES	INSTRUÇÕES – TIPOS							INSTRUÇÕES – ABRANGÊNCIA		INSTRUÇÕES – FUNÇÕES						INSTRUÇÕES – INFLUÊNCIAS			OUTRAS CATEGORIAS DE INTERVENÇÃO												
	Imperativa	Interrogativa	Modelo	Sugestiva	Alternativa	Autorreferente	Descritiva	Específica	Genérica	Delimitação do foco	Detalhamento	Repetição	Mudança de interlocutor	Reforço/retomada do foco	Interação com o ambiente	Corpo	Conteúdo	Tonalidade afetiva	Esclarecimento de instruções	Interpretação	Esclarecimento de dúvidas	Explicação do procedimento	Consulta ao cliente	Autorreferência	Confirmação	Clarificação do discurso	Descrição do comportamento	Inclusão do psicoterapeuta	Informação teórica	Presentificação do discurso	Recapitulação de trabalhos
Agora feche os olhos.	■								■							■															
Volte ao seu sétimo ano de vida.	■								■	■																					
Torne-se uma menina de 7 anos de idade.	■							■																							
OK, Jane. Quantos anos você tem agora?																							■								
E a sua idade verdadeira? Qual é a sua idade?																							■								
35. Seja uma mulher de 35 que conversa com essa menina.	■							■		■			■																		
Faça a mulher de hoje conversar com a menina de ontem...	■								■																						
Coloque-a naquela cadeira e sente-se aqui. Você agora está com 35 anos.	■										■					■															
Agora eu quero que você volte para cá.						■			■						■									■							
Eu gostaria que você dissesse o que lhe der na telha.																						■		■							
Você faz ideia do que a leva a se prender tanto a essa lembrança?																							■								
OK. Olhe em volta. O que está acontecendo aqui?	■								■						■																
Então, estou interessado nisto: você ter de arrastar essa menina com você, não poder deixá-la.																							■	■							

TABELA I — O SONHO DE JUNE [CONT.]																														
INTERVENÇÕES	INSTRUÇÕES																		OUTRAS CATEGORIAS DE INTERVENÇÃO												
	TIPOS							ABRANGÊNCIA		FUNÇÕES						INFLUÊNCIAS														
	Imperativa	Interrogativa	Modelo	Sugestiva	Alternativa	Autorreferente	Descritiva	Específica	Genérica	Delimitação do foco	Detalhamento	Repetição	Mudança de interlocutor	Reforço/retomada do foco	Interação com o ambiente	Corpo	Conteúdo	Tonalidade afetiva	Esclarecimento de instruções	Interpretação	Esclarecimento de dúvidas	Explicação do procedimento	Consulta ao cliente	Autorreferência	Confirmação	Clarificação do discurso	Descrição do comportamento	Inclusão do psicoterapeuta	Informação teórica	Presentificação do discurso	Recapitulação de trabalhos
Isso mesmo, isso mesmo.																									■						
Agora diga: "Fico aguardando uma oportunidade para bancar a vítima", ou coisa parecida, e vá por aí.	■		■								■		■				■														
"Fico querendo ser bem tratada."																				■											
É quando você a tira do lixo?																							■			■					
Agora volte pra ela.	■								■				■	■																	
Fale com ela.	■																														
Conte-lhe que vocês duas estão brincando de trapacear.											■						■			■											
O que ela diz?		■									■		■										■								
[Longo comentário final, de cunho crítico à psicanálise e teórico.]																				■		■		■			■		■		

TABELA II — O SONHO DE JANE (I)

INTERVENÇÕES	INSTRUÇÕES																		OUTRAS CATEGORIAS DE INTERVENÇÃO												
	TIPOS							ABRANGÊNCIA		FUNÇÕES						INFLUÊNCIAS															
	Imperativa	Interrogativa	Modelo	Sugestiva	Alternativa	Autorreferente	Descritiva	Específica	Genérica	Delimitação do foco	Detalhamento	Repetição	Mudança de interlocutor	Reforço/retomada do foco	Interação com o ambiente	Corpo	Conteúdo	Tonalidade afetiva	Esclarecimento de instruções	Interpretação	Esclarecimento de dúvidas	Explicação do procedimento	Consulta ao cliente	Autorreferência	Confirmação	Clarificação do discurso	Descrição do comportamento	Inclusão do psicoterapeuta	Informação teórica	Presentificação do discurso	Recapitulação de trabalhos
O que está acontecendo aqui?																							■								
Feche os olhos...	■								■							■															
e fique com o susto.	■							■		■																					
O que você sente com o susto?																							■								
Em que momento esse medo surgiu?																							■								
Então olhe de novo.	■								■						■	■															
Fale com essas pessoas.	■							■		■					■																
"Vocês me assustam", ou coisa assim.			■								■				■		■														
Quem você escolhe a dedo?																								■							
Agora vamos pedir ao seu pai e à sua mãe que entrem na plateia.				■					■	■																					
Diga isso a eles.	■											■																			
O que você experimenta quando não olha pra eles?																							■								
OK, conte-me o sonho.	■							■		■																					
No sonho você pode dramatizar...				■					■																						
O que acontece quando você os sacode?																							■								
Muito bem. Vamos começar tudo de novo.				■					■																						

TABELA II — O SONHO DE JANE (I) [CONT.]

INTERVENÇÕES	INSTRUÇÕES: TIPOS							INSTRUÇÕES: ABRANGÊNCIA		INSTRUÇÕES: FUNÇÕES						INSTRUÇÕES: INFLUÊNCIAS			OUTRAS CATEGORIAS DE INTERVENÇÃO												
	Imperativa	Interrogativa	Modelo	Sugestiva	Alternativa	Autorreferente	Descritiva	Específica	Genérica	Delimitação do foco	Detalhamento	Repetição	Mudança de interlocutor	Reforço/retomada do foco	Interação com o ambiente	Corpo	Conteúdo	Tonalidade afetiva	Esclarecimento de instruções	Interpretação	Esclarecimento de dúvidas	Explicação do procedimento	Consulta ao cliente	Autorreferência	Confirmação	Clarificação do discurso	Descrição do comportamento	Inclusão do psicoterapeuta	Informação teórica	Presentificação do discurso	Recapitulação de trabalhos
Você está entrando na casa, não é?							■							■																■	
Vamos fazer um encontro entre a cozinha do sonho e o seu quarto.				■				■		■			■																		
Agora seja o quarto.	■												■																		
Fique falando bem de você mesma.	■										■						■	■			■										
Agora seja a cozinha de novo...	■												■																		
Sim? O que foi?																							■								
Você sente o vazio agora.																									■						
Fique com o vazio.	■							■		■																					
Fique com o que você experimenta agora.	■													■									■								
Quando você é a cozinha? É isso?																										■					
Simplesmente diga isso para o quarto.	■											■	■	■																	
Diga isso de novo.	■											■																			
Como você sente a morte?																							■								
Agora fique como está e procure se dar conta da mão direita e da esquerda.	■							■		■						■															
O que elas estão fazendo?																■							■								
O que a sua mão direita quer fazer?																■							■								

TABELA II — O SONHO DE JANE (I) [CONT.]

INTERVENÇÕES	INSTRUÇÕES																		OUTRAS CATEGORIAS DE INTERVENÇÃO												
	TIPOS							ABRANGÊNCIA		FUNÇÕES						INFLUÊNCIAS															
	Imperativa	Interrogativa	Modelo	Sugestiva	Alternativa	Autorreferente	Descritiva	Específica	Genérica	Delimitação do foco	Detalhamento	Repetição	Mudança de interlocutor	Reforço/retomada do foco	Interação com o ambiente	Corpo	Conteúdo	Tonalidade afetiva	Esclarecimento de instruções	Interpretação	Esclarecimento de dúvidas	Explicação do procedimento	Consulta ao cliente	Autorreferência	Confirmação	Clarificação do discurso	Descrição do comportamento	Inclusão do psicoterapeuta	Informação teórica	Presentificação do discurso	Recapitulação de trabalhos
Além disso, mais alguma coisa? Ela quer parar? Quer se estender?																■			■												
Não consigo decifrar a sua mão direita.																■			■					■							
Insista no movimento.	■										■			■		■			■												
Você quer se estender.																■			■								■				
Ótimo. E o que a sua mão esquerda quer fazer?																■							■								
Então inverta.	■								■																						
Deixe agora a mão esquerda fazer o que a direita está fazendo e vice-versa.	■										■			■		■															
Estenda a mão esquerda.	■										■					■															
Qual é a dificuldade de estender a mão esquerda?																							■								
Seria artificial.																										■					
Agora estenda a mão esquerda de novo...	■										■					■															
Tente me alcançar com ela...	■										■					■												■			
O que houve agora?																							■								
Agora faça um diálogo entre a mão direita e a esquerda do modo como estavam antes. "Eu estou me retraindo e você está se estendendo."	■		■					■		■			■																	■	

TABELA II — O SONHO DE JANE (I) [CONT.]

INTERVENÇÕES	INSTRUÇÕES																		OUTRAS CATEGORIAS DE INTERVENÇÃO												
	TIPOS							ABRANGÊNCIA		FUNÇÕES						INFLUÊNCIAS															
	Imperativa	Interrogativa	Modelo	Sugestiva	Alternativa	Autorreferente	Descritiva	Específica	Genérica	Delimitação do foco	Detalhamento	Repetição	Mudança de interlocutor	Reforço/retomada do foco	Interação com o ambiente	Corpo	Conteúdo	Tonalidade afetiva	Esclarecimento de instruções	Interpretação	Esclarecimento de dúvidas	Explicação do procedimento	Consulta ao cliente	Autorreferência	Confirmação	Clarificação do discurso	Descrição do comportamento	Inclusão do psicoterapeuta	Informação teórica	Presentificação do discurso	Recapitulação de trabalhos
Sim, o que houve?																							■								
Quero lhe dizer uma coisa que geralmente funciona.																						■		■							
Não sei se se aplica a você.																								■							
A mão direita geralmente é o lado masculino da pessoa e a esquerda é o feminino. O lado direito é a parte agressiva, expansiva, e o lado esquerdo é a sensível, receptiva, aberta.																													■		
Agora confira e veja se serve pra você.				■	■				■														■								
OK. Entre na casa uma vez mais e faça um diálogo com o que você encontrar, ou seja, o silêncio.	■							■		■			■																		
Não, não.																					■										
Você entra na casa e a única coisa que encontra é o silêncio. Certo?																			■											■	
Diga isso para o silêncio.	■											■	■	■																	
O que o silêncio responde?		■											■										■								
Então entre na casa uma vez mais e encontre-se com o silêncio de novo.	■												■	■																	
Volte para o sonho.	■								■																						
Diga isso a eles.	■							■		■		■	■																		

TABELA II — O SONHO DE JANE (I) [CONT.]

INTERVENÇÕES	INSTRUÇÕES																		OUTRAS CATEGORIAS DE INTERVENÇÃO												
	TIPOS							ABRANGÊNCIA		FUNÇÕES						INFLUÊNCIAS															
	Imperativa	Interrogativa	Modelo	Sugestiva	Alternativa	Autorreferente	Descritiva	Específica	Genérica	Delimitação do foco	Detalhamento	Repetição	Mudança de interlocutor	Reforço/retomada do foco	Interação com o ambiente	Corpo	Conteúdo	Tonalidade afetiva	Esclarecimento de instruções	Interpretação	Esclarecimento de dúvidas	Explicação do procedimento	Consulta ao cliente	Autorreferência	Confirmação	Clarificação do discurso	Descrição do comportamento	Inclusão do psicoterapeuta	Informação teórica	Presentificação do discurso	Recapitulação de trabalhos
Ok. Vamos modificar o sonho.				■					■													■									
Faça-os falar.	■												■																		
Ressuscite-os.	■										■																				
É.																									■						
Você diz que tenta sacudi-los. São só esqueletos.																			■		■									■	
Quero que você tenha êxito.						■													■		■			■							
Você está no quarto, certo? Seus pais são esqueletos.																			■		■									■	
Esqueletos geralmente não falam. Quando muito, balançam e chocalham.																			■		■								■		
Eu quero que você os ressuscite.						■					■			■					■		■			■							
Trazê-los de volta à vida.																									■						
Até aqui você disse que os apagaria.																			■		■									■	
É isso que você faz no sonho.																			■		■						■				
Fale com eles.	■										■		■	■																	
De novo.	■											■																			
De novo.	■											■																			
De novo.	■											■																			

TABELA II — O SONHO DE JANE (I) [CONT.]

	INSTRUÇÕES																	
	TIPOS							ABRANGÊNCIA		FUNÇÕES						INFLUÊNCIAS		
INTERVENÇÕES	Imperativa	Interrogativa	Modelo	Sugestiva	Alternativa	Autorreferente	Descritiva	Específica	Genérica	Delimitação do foco	Detalhamento	Repetição	Mudança de interlocutor	Reforço/retomada do foco	Interação com o ambiente	Corpo	Conteúdo	Tonalidade afetiva
Vamos.	■								■									
Seja farsante.	■								■									■
Invente-os.	■										■							
Ressuscite-os.	■										■							
Vamos fazer uma farsa.				■					■									
Ok. Volte a ser você.	■												■					
Conte para eles que você ainda precisa deles.	■										■						■	
Diga a eles, em detalhe, do que você precisa.	■										■						■	
Diga isso a ela.	■												■					
Você ainda não está falando com ela.																		
Você percebe que isso é uma continuação da nossa sessão anterior?																		
Primeiro apareceu a durona, a atrevida; depois surgiu a meiga.																		
Agora você começa a aceitar que tem necessidades infantis...																		
Então seja sua mãe.	■												■	■				
O que aconteceu agora?																		
O que aconteceu quando você parou?																		
Diga isso a Jane.	■											■	■	■				

	OUTRAS CATEGORIAS DE INTERVENÇÃO												
INTERVENÇÕES	Esclarecimento de instruções	Interpretação	Esclarecimento de dúvidas	Explicação do procedimento	Consulta ao cliente	Autorreferência	Confirmação	Clarificação do discurso	Descrição do comportamento	Inclusão do psicoterapeuta	Informação teórica	Presentificação do discurso	Recapitulação de trabalhos
Vamos.													
Seja farsante.													
Invente-os.	■												
Ressuscite-os.	■												
Vamos fazer uma farsa.	■												
Ok. Volte a ser você.													
Conte para eles que você ainda precisa deles.		■						■					
Diga a eles, em detalhe, do que você precisa.													
Diga isso a ela.													
Você ainda não está falando com ela.	■								■				
Você percebe que isso é uma continuação da nossa sessão anterior?					■								■
Primeiro apareceu a durona, a atrevida; depois surgiu a meiga.		■							■				■
Agora você começa a aceitar que tem necessidades infantis...		■											
Então seja sua mãe.													
O que aconteceu agora?					■								
O que aconteceu quando você parou?					■								
Diga isso a Jane.													

TABELA II — O SONHO DE JANE (I) [CONT.]

INTERVENÇÕES	INSTRUÇÕES																		OUTRAS CATEGORIAS DE INTERVENÇÃO												
	TIPOS							ABRANGÊNCIA		FUNÇÕES						INFLUÊNCIAS															
	Imperativa	Interrogativa	Modelo	Sugestiva	Alternativa	Autorreferente	Descritiva	Específica	Genérica	Delimitação do foco	Detalhamento	Repetição	Mudança de interlocutor	Reforço/retomada do foco	Interação com o ambiente	Corpo	Conteúdo	Tonalidade afetiva	Esclarecimento de instruções	Interpretação	Esclarecimento de dúvidas	Explicação do procedimento	Consulta ao cliente	Autorreferência	Confirmação	Clarificação do discurso	Descrição do comportamento	Inclusão do psicoterapeuta	Informação teórica	Presentificação do discurso	Recapitulação de trabalhos
Seja Jane de novo.	■												■																		
Ok. Vamos interromper.				■					■																						
Você já acordou, mesmo.																						■					■				
Volte para o grupo.	■								■	■					■																
Como você nos sente?																							■								
Consegue contar para o grupo que precisa de uma mãe?		■			■			■							■		■														
Muito bem. Vamos ver se conseguimos juntar essas coisas.				■	■				■																						
Agora faça um diálogo entre a sua dependência infantil e o seu atrevimento.	■							■		■																					
Esses são seus dois polos.																				■		■							■		
Diga isso de novo.	■											■																			
Diga isso de um jeito bem malvado.	■											■						■													
Ok. Seja a atrevida de novo.	■												■																		
A Jane atrevida está disposta a ouvir?		■											■										■								
Sim? Sim?																							■		■						
Não, não, não. Não... não esconda.	■																■														
Mostre.	■								■						■																
Você não lhe dá uma chance; você a ameaça.																			■								■				
Pois é, pois é...																									■						

TABELA II — SONHO DE JANE (I) [CONT.]

INTERVENÇÕES	INSTRUÇÕES																		OUTRAS CATEGORIAS DE INTERVENÇÃO												
	TIPOS							ABRANGÊNCIA		FUNÇÕES						INFLUÊNCIAS															
	Imperativa	Interrogativa	Modelo	Sugestiva	Alternativa	Autorreferente	Descritiva	Específica	Genérica	Delimitação do foco	Detalhamento	Repetição	Mudança de interlocutor	Reforço/retomada do foco	Interação com o ambiente	Corpo	Conteúdo	Tonalidade afetiva	Esclarecimento de instruções	Interpretação	Esclarecimento de dúvidas	Explicação do procedimento	Consulta ao cliente	Autorreferência	Confirmação	Clarificação do discurso	Descrição do comportamento	Inclusão do psicoterapeuta	Informação teórica	Presentificação do discurso	Recapitulação de trabalhos
Faça as duas coisas. Ameace-a e dê-lhe uma chance.	■																■	■													
Arrá! Isso significa "aproxime-se você".																				■							■				
Seja a outra Jane de novo.	■												■																		
Diga isso de novo.	■											■																			
"Eu não quero crescer."			■																												
De novo.	■											■																			
Mais alto.	■											■						■													
Mais alto.	■											■						■													
Mais alto.	■											■						■													
Diga isso com o corpo todo.	■											■				■		■													
Agora seja a Jane atrevida de novo.	■												■																		
Diga a ela como ajudar.	■										■																				
Diga isso de novo.	■											■																			
Consegue dizer isso sem chorar?		■			■							■						■					■								
Diga isso também para o grupo. A mesma frase...	■												■			■															
Diga isso também para o Raymond.	■												■			■															
Pegou?																							■								
Ok.																									■						

TABELA III — O SONHO DE JANE (II)

INTERVENÇÕES			Outra vez aquela coisa do *e*.	Você diz *e*, *e*, *e* como se tivesse medo de deixar os fatos falarem por si.	Ok. Vamos retomar o sonho desde o começo.	Desta vez não é você quem sonha. É o seu irmão.	Diga isso de novo.	De novo.	De novo.	Não me convenceu.	Interrompa agora.	Feche os olhos.	Preste atenção nas suas mãos.	Quando você recolheu a mão direita, percebi que ela é o irmão e a esquerda é Jane.	Espere um pouco.	Qual é o nome do seu irmão?	Ainda é o Paul quem está sonhando.
OUTRAS CATEGORIAS DE INTERVENÇÃO		Recapitulação de trabalhos															
		Presentificação do discurso															
		Informação teórica															
		Inclusão do psicoterapeuta															
		Descrição do comportamento	■	■						■				■			
		Clarificação do discurso															
		Confirmação															
		Autorreferência								■							
		Consulta ao cliente														■	
		Explicação do procedimento															
		Esclarecimento de dúvidas															
		Interpretação		■										■			
		Esclarecimento de instruções															
INSTRUÇÕES	INFLUÊNCIAS	Tonalidade afetiva								■							
		Conteúdo															
		Corpo										■	■				
	FUNÇÕES	Interação com o ambiente															
		Reforço/retomada do foco															■
		Mudança de interlocutor															
		Repetição					■	■	■								
		Detalhamento															
		Delimitação do foco				■							■				
	ABRANGÊNCIA	Genérica			■						■	■			■		
		Específica				■							■				
	TIPOS	Descritiva				■											■
		Autorreferente															
		Alternativa															
		Sugestiva			■												
		Modelo															
		Interrogativa															
		Imperativa					■	■	■		■	■	■		■		

TABELA III — O SONHO DE JANE (II) [CONT.]

		INTERVENÇÕES	Você não me convence.	Você não entra no sonho.	Sua voz está aaaahrrrr...	Agora diga adeus a Jane.	Ok. Mude de papel de novo.	Seja Jane outra vez.	Já tem tanta coisa aí.	Diga.	Diga para nós como você se coloca...	O seu ponto de vista.	A situação está em aberto, certo?	Muito clara.	Lá está seu irmão e lá está você.	Você quer segurá-lo; ele quer se libertar.	Ok. Jane. Acho que você pode trabalhar isso sozinha.	Quero fazer outra coisa, agora.	Quero começar do princípio.
OUTRAS CATEGORIAS DE INTERVENÇÃO		Recapitulação de trabalhos																	
		Presentificação do discurso							■				■	■	■	■			
		Informação teórica																	
		Inclusão do psicoterapeuta																	
		Descrição do comportamento	■	■	■														
		Clarificação do discurso																	
		Confirmação																	
		Autorreferência	■															■	■
		Consulta ao cliente																	
		Explicação do procedimento																■	■
		Esclarecimento de dúvidas										■	■	■	■	■			
		Interpretação																	
		Esclarecimento de instruções										■	■	■	■	■			
INSTRUÇÕES	INFLUÊNCIAS	Tonalidade afetiva	■																
		Conteúdo									■								
		Corpo																	
	FUNÇÕES	Interação com o ambiente								■	■								
		Reforço/retomada do foco																	
		Mudança de interlocutor				■		■											
		Repetição																	
		Detalhamento																	
		Delimitação do foco																	
	ABRANGÊNCIA	Genérica					■			■							■		
		Específica																	
	TIPOS	Descritiva																	
		Autorreferente															■		
		Alternativa															■		
		Sugestiva															■		
		Modelo																	
		Interrogativa																	
		Imperativa				■	■	■		■	■								

TABELA III — O SONHO DE JANE (II) [CONT.]

INTERVENÇÕES	INSTRUÇÕES – TIPOS: Imperativa	Interrogativa	Modelo	Sugestiva	Alternativa	Autorreferente	Descritiva	ABRANGÊNCIA: Específica	Genérica	FUNÇÕES: Delimitação do foco	Detalhamento	Repetição	Mudança de interlocutor	Reforço/retomada do foco	Interação com o ambiente	INFLUÊNCIAS: Corpo	Conteúdo	Tonalidade afetiva	OUTRAS CATEGORIAS DE INTERVENÇÃO: Esclarecimento de instruções	Interpretação	Esclarecimento de dúvidas	Explicação do procedimento	Consulta ao cliente	Autorreferência	Confirmação	Clarificação do discurso	Descrição do comportamento	Inclusão do psicoterapeuta	Informação teórica	Presentificação do discurso	Recapitulação de trabalhos
Observe sempre o começo de um sonho.	■								■	■																					
Veja onde se passa, se é num carro, se é num hotel ou na natureza ou num prédio de apartamentos.	■										■																				
Isso sempre lhe dá uma impressão imediata do contexto existencial.																													■		
Então, você começa com "a vida é um parque de diversões".																				■											
Faça um discurso sobre a vida ser um parque de diversões.	■							■		■							■		■												

TABELA IV — O SONHO DE STEVE (I)

		INTERVENÇÕES	O que você sente?	Como você nos percebe?	Dá pra voltar pra nós?	Você se dá conta da nossa presença?	Não dou permissão.	Quero trabalhar com isto: se você está ou não em contato conosco e com o que está acontecendo.	Agora você está começando a prestar atenção.	Em vez de querer atenção.	Então nos dê um pouco mais da sua atenção.	OK. Estou disposto a prestar atenção no seu sonho.	Seja a lavoura.	Diga isso de novo.	De novo.	O que você separa com a cerca?	Estou com dificuldade de acompanhá-lo.
OUTRAS CATEGORIAS DE INTERVENÇÃO		Recapitulação de trabalhos															
		Presentificação do discurso															
		Informação teórica															
		Inclusão do psicoterapeuta															
		Descrição do comportamento							■	■							
		Clarificação do discurso															
		Confirmação															
		Autorreferência					■	■									■
		Consulta ao cliente	■	■		■		■								■	
		Explicação do procedimento						■									
		Esclarecimento de dúvidas					■										
		Interpretação							■	■							
		Esclarecimento de instruções															
INSTRUÇÕES	INFLUÊNCIAS	Tonalidade afetiva															
		Conteúdo															
		Corpo															
	FUNÇÕES	Interação com o ambiente			■						■						
		Reforço/retomada do foco									■						
		Mudança de interlocutor															
		Repetição												■	■		
		Detalhamento														■	
		Delimitação do foco			■							■	■				
	ABRANGÊNCIA	Genérica															
		Específica											■				
	TIPOS	Descritiva															
		Autorreferente										■					
		Alternativa															
		Sugestiva															
		Modelo															
		Interrogativa			■											■	
		Imperativa									■		■	■	■		

TABELA IV — O SONHO DE STEVE (I) [CONT.]

INTERVENÇÕES	INSTRUÇÕES																		OUTRAS CATEGORIAS DE INTERVENÇÃO												
	TIPOS							ABRANGÊNCIA		FUNÇÕES						INFLUÊNCIAS															
	Imperativa	Interrogativa	Modelo	Sugestiva	Alternativa	Autorreferente	Descritiva	Específica	Genérica	Delimitação do foco	Detalhamento	Repetição	Mudança de interlocutor	Reforço/retomada do foco	Interação com o ambiente	Corpo	Conteúdo	Tonalidade afetiva	Esclarecimento de instruções	Interpretação	Esclarecimento de dúvidas	Explicação do procedimento	Consulta ao cliente	Autorreferência	Confirmação	Clarificação do discurso	Descrição do comportamento	Inclusão do psicoterapeuta	Informação teórica	Presentificação do discurso	Recapitulação de trabalhos
Então proponho: seja a sua voz.	■					■		■		■																					
"Eu sou..."			■																												
Estou ficando cada vez mais pesado.			■																	■							■				
Então diga: o que você sente agora?																							■								
Ok. Existe alguma figura humana no seu sonho?																							■								
Ah! Nem tudo é implosivo. Nem tudo está morto.																				■											
Dance.	■								■																						
Faça a dança das chamas.	■							■		■																					
Fale com a cerca.	■												■																		
Seja o fogo.	■								■	■																					
Fale conosco como se fosse o fogo.	■							■							■																
"Se eu fosse o fogo, eu consumiria vocês, o que é ruim" etc.			■														■														
Será que dá pra dizer "eu" em vez de "tudo"?		■																													
"Eu faria isso. Eu faria aquilo..."			■								■																				
"Eu murcharia vocês."			■																												

TABELA V — O SONHO DE STEVE (II)

		INTERVENÇÕES	Hã?	Hã? O que isso tem a ver comigo?	Pois trabalhe a projeção.	Diga a cada um de nós: "Eu lhe dou permissão. Eu o autorizo..."	Seja condescendente.	Faça o contrário, agora.	"Eu não lhe dou permissão..."	Você percebe que está dando bicadas?	Breves expressões extrovertidas.	Eu lhe dou permissão para não saber o que fazer com isso.	Diga o que ele deveria fazer.	Gesticule com a mão esquerda ao falar.	Agora faça uma combinação das duas.	"Eu não permito nem proíbo que você..."
OUTRAS CATEGORIAS DE INTERVENÇÃO		Recapitulação de trabalhos														
		Presentificação do discurso														
		Informação teórica														
		Inclusão do psicoterapeuta														
		Descrição do comportamento									■					
		Clarificação do discurso														
		Confirmação														
		Autorreferência		■								■				
		Consulta ao cliente	■	■						■						
		Explicação do procedimento						■							■	
		Esclarecimento de dúvidas										■				
		Interpretação									■					
		Esclarecimento de instruções														
INSTRUÇÕES	INFLUÊNCIAS	Tonalidade afetiva					■									
		Conteúdo											■			
		Corpo								■				■		
	FUNÇÕES	Interação com o ambiente				■							■			
		Reforço/retomada do foco														
		Mudança de interlocutor														
		Repetição														
		Detalhamento							■							■
		Delimitação do foco			■											
	ABRANGÊNCIA	Genérica			■			■							■	
		Específica				■										
	TIPOS	Descritiva														
		Autorreferente														
		Alternativa														
		Sugestiva														
		Modelo				■			■							■
		Interrogativa														
		Imperativa			■	■	■	■					■	■	■	

TABELA V — O SONHO DE STEVE (II) [CONT.]

INTERVENÇÕES	INSTRUÇÕES																	
	TIPOS							ABRANGÊNCIA		FUNÇÕES						INFLUÊNCIAS		
	Imperativa	Interrogativa	Modelo	Sugestiva	Alternativa	Autorreferente	Descritiva	Específica	Genérica	Delimitação do foco	Detalhamento	Repetição	Mudança de interlocutor	Reforço/retomada do foco	Interação com o ambiente	Corpo	Conteúdo	Tonalidade afetiva
Com a mão esquerda, por favor.	■															■		
“Fique na sua que eu fico na minha.”			■														■	
Vá por aí.	■								■									
Qual é a sua?																		
É só trabalhar uma projeção.																		
Tanto faz qual projeção você escolha, desde que a trabalhe do começo ao fim.																		
É isso que pretendemos com este trabalho com projeções.																		
Quando dá o “clique”, você superou a projeção e ela terminou.																		
Primeiro você olha por uma janela e de repente reconhece que está olhando para um espelho.																		

INTERVENÇÕES	OUTRAS CATEGORIAS DE INTERVENÇÃO												
	Esclarecimento de instruções	Interpretação	Esclarecimento de dúvidas	Explicação do procedimento	Consulta ao cliente	Autorreferência	Confirmação	Clarificação do discurso	Descrição do comportamento	Inclusão do psicoterapeuta	Informação teórica	Presentificação do discurso	Recapitulação de trabalhos
Com a mão esquerda, por favor.													
“Fique na sua que eu fico na minha.”		■											
Vá por aí.													
Qual é a sua?					■								
É só trabalhar uma projeção.			■	■									
Tanto faz qual projeção você escolha, desde que a trabalhe do começo ao fim.			■	■							■		
É isso que pretendemos com este trabalho com projeções.				■		■							
Quando dá o “clique”, você superou a projeção e ela terminou.											■		
Primeiro você olha por uma janela e de repente reconhece que está olhando para um espelho.											■		

Quando a intervenção do psicoterapeuta influencia o conteúdo verbal do discurso do cliente, observam-se as seguintes ocorrências:

- a intervenção serve para que o cliente torne sua comunicação mais precisa, clara e específica, inserindo uma informação ausente do discurso anterior;
- a intervenção inclui um modelo de fala a ser seguido pelo cliente, o qual geralmente contém uma percepção ou interpretação do psicoterapeuta ("Agora diga: 'Fico aguardando uma oportunidade para bancar a vítima', ou coisa parecida"). Como se observa, a interpretação não é formulada hipoteticamente. Com esses modelos, o psicoterapeuta procura sintetizar numa fala nuclear o que compreende ser o traço central, a característica mais marcante ou a intenção subjacente à atitude consciente do cliente;
- a intervenção serve para facilitar a continuidade do discurso do cliente na mesma direção e sentido em que as ideias pareciam movimentar-se (suspensão das defesas). É como se o psicoterapeuta apenas dissesse ao cliente: "Isso mesmo! Vá adiante! Diga o que quer dizer";
- a intervenção tenta ser uma paráfrase do discurso proferido até então. Envolve uma interpretação do psicoterapeuta, mas se encontra mais próxima da experiência consciente do cliente ("'Fique na sua que eu fico na minha'. Vá por aí");
- a intervenção oferece uma temática para o discurso do cliente ("Faça um discurso sobre a vida ser um parque de diversões").

As influências sobre a tonalidade afetiva que o discurso do cliente deve tomar enfatizam, destacam ou grifam a atitude que o cliente deve assumir, segundo o psicoterapeuta, diante dos seus interlocutores presentes (no ambiente) ou imaginados (elementos do sonho). Nessas oportunidades, Perls atua como diretor teatral, contribuindo para que o discurso do cliente-ator seja emocionalmente convincente, isto é, o conteúdo verbal e a expressividade sejam uníssonos ("seja condescendente"), claros, límpidos, "amadurecidos" e eficientes ("Consegue dizer isso sem chorar?). É raro Perls antecipar-se ao cliente para sugerir a tonalidade afetiva o discurso. Na grande maioria das oportunidades, essa influência é exercida quando a expressividade do cliente revela-se insatisfatória, denotando que ainda não se recuperou suficientemente a energia projetada.

As instruções que têm a função de prescrever repetição atendem de modo geral a uma de duas finalidades distintas:

- retomar o formato de diálogo com os interlocutores ambientais ou imaginários os comentários tecidos pelo cliente em comunicações feitas *a Perls*. O psicoterapeuta parece valorizar não tanto as percepções quanto a *comunicação* das percepções de forma extrovertida ("simplesmente diga isso para o quarto");
- destacar, enfatizar e reforçar aspectos do discurso do cliente que denotam qualidades pessoais positivas, intenções, desejos, sentimentos e pedidos ("eu não quero crescer").

Todos os trabalhos analisados envolvem comunicações com o ambiente. Perls desencoraja constantemente a reflexão silenciosa, individual. Todo o trabalho volta-se para o impedimento do ato de pensar e para o favorecimento da atuação *anterior à reflexão*, o que condiz com a compreensão que Perls tem da atitude fenomenológica perante o dado psicológico. A velocidade com que o trabalho se desenvolve realmente desfavorece reflexões. Em seu lugar instigam-se as expressões talvez mais espontâneas dos sentimentos, das sensações e dos desejos do cliente. Com as instruções de interação com o ambiente, Perls leva o cliente a exercitar o irrefletido em forma de diálogo na situação presente. Dessa maneira, o irrefletido não vai configurar um *acting-out*. Essas instruções são de dois tipos: as voltadas para o trabalho de dificuldades do cliente no contato com o ambiente e as que concluem uma etapa do episódio terapêutico ou o finalizam.

A seguir, examinarei outras modalidades de intervenção, distintas das instruções.

As interpretações estão presentes em todos os trabalhos. Nunca são formuladas como hipóteses; parecem percepções absolutas. Em geral são concisas. Podem tomar diversas roupagens:

- descrição de comportamento ("Quando você recolheu a mão direita, percebi que ela é o irmão e a esquerda é a Jane");
- modelo, parafraseando o discurso do cliente ("Fique na sua que eu fico na minha");
- captação de motivações latentes ("Você diz *e*, *e*, *e* como se tivesse medo de deixar os fatos falarem por si");
- teorização ("Ah! Nem tudo é implosivo. Nem tudo está morto").

Em geral, qualquer pergunta formulada direta ou indiretamente ao cliente é uma consulta a ele. A rigor, no entanto, diferenciam-se com clareza as perguntas que buscam uma informação *descritiva*. São exemplos notórios perguntas do tipo "como você sente [...]?" e "o que acontece quando você [...]?" Nesses momentos, Perls não quer explicações nem pretende que o cliente pense, mas sim que se limite a descrever as sensações corporais experimentadas no momento em que se formula a questão. Além dessas, diferenciam-se também as perguntas que buscam mais detalhes no discurso do cliente ("O que você separa com a cerca?") e as que procuram avaliar até que ponto o cliente tem presente determinada percepção ("Você percebe que está dando bicadas?").

As autorreferências que surgem no trabalho prestam-se a uma ou mais destas finalidades:

- interagir autenticamente com o cliente, porém sempre com o intuito de estabelecer limites e desencorajar o cliente a dialogar com o psicoterapeuta ("Hã? O que isso tem a ver comigo?");
- explicitar ou sinalizar por onde o experimento terá continuidade ("Quero trabalhar com isto: se você está ou não em contato conosco e com o que está acontecendo");
- expressar a dificuldade do psicoterapeuta de compreender uma comunicação do cliente, verbal ou não verbal ("Estou com dificuldade de acompanhá-lo");
- instruir o cliente: na maioria das vezes, são formuladas para expressar um desejo ("Eu quero que você os ressuscite").

Raramente Perls revela concordar com as percepções do cliente ou discordar delas. Em princípio, parece receptivo e concordante, apenas aceitando que o discurso descreve com fidelidade a experiência da pessoa a cada momento. Em geral, então, valida a fala do cliente tal como é proferida. Em poucos momentos utiliza uma confirmação mais expressiva ("Isso mesmo, isso mesmo"), o que também ocorre quando o cliente revela ter compreendido bem as instruções.

Quatro dos cinco trabalhos analisados contam com informações teóricas. São as únicas oportunidades em que o psicoterapeuta recorre ao pensar reflexivo (sendo uma exceção o trabalho com June) e o único tipo de processamento temático utilizado. Mesmo assim, há acentuada ênfase nos mecanismos psicológicos em jogo e não na elaboração interna do cliente. São, assim, de caráter didático e informativo, não terapêutico, embora possam eventualmente gerar *efeitos* terapêuticos.

Outras modalidades de intervenção — como o esclarecimento de instruções, a explicitação do procedimento, o esclarecimento de dúvidas e a presentificação do discurso — encontram-se sempre a serviço das instruções e do atendimento rigoroso à técnica do experimento.

OS COMENTÁRIOS TEÓRICOS DE PERLS

Grosso modo, encontram-se dois tipos:

- os que são insertos no corpo do experimento, utilizados para fazer assinalamentos ("Nem tudo é implosivo. Nem tudo está morto") ou para auxiliar o cliente na ampliação do sentido da experiência ("Quero lhe dizer uma coisa que geralmente funciona. Não sei se se aplica a você. A mão direita geralmente é o lado masculino [...]");
- os que surgem após a conclusão do experimento, com a finalidade de explicitar o método, a técnica e os princípios que norteiam Perls; têm o caráter de *processamento didático* do trabalho realizado.

Entre os comentários do segundo tipo, destaco aqueles com que Perls finalizou o experimento com June (consulte a Análise desse episódio na página 57); suas observações sobre o cenário do sonho como indicador da temática existencial da pessoa ("O sonho de Jane (II)"); o breve diálogo que trava com Steve ("O sonho de Steve (II)") a respeito da projeção.

Perls (1978) define a projeção como uma tendência a responsabilizar o meio por algo que se origina internamente. O oposto da projeção seria a introjeção, uma tendência a responsabilizar-se por algo que é ambiental. Distingue a projeção patológica da suposição normal, baseada na observação. O jogador de xadrez que se antecipa a possíveis jogadas do adversário para estruturar sua estratégia de jogo está ciente de que as suas suposições são hipotéticas e não necessariamente serão captações precisas do comportamento do outro jogador. Na projeção neurótica, a pessoa deixa de reconhecer que as suas suposições sejam hipóteses.

A projeção, segundo o autor, não incide obrigatoriamente sobre o ambiente; pode-se fazê-la em si mesmo ("Minha bexiga está me dando um trabalhão!"). Nesses casos, a pessoa atribui àquela parte certa exterioridade objetiva em relação a si mesma. O "benefício" psíquico da projeção estaria em negar e rejeitar aspectos da própria personalidade sentidos como difíceis, ofensivos e pouco atraentes.

Em outra obra, Perls, Hefferline e Goodman (1951, p. 256) comentam que,

> quando a pessoa projeta partes da sua personalidade, geralmente não é sobre uma superfície vazia, mas sobre uma tela — outra pessoa, objeto, situação — que já ***possui originalmente*** algo daquilo que nela é projetado. Projetamos em pessoas que são "telas apropriadas", ou seja, que manifestam suficientemente um traço ou atitude particular para justificarmos com facilidade o fato de as carregarmos também com a nossa porção do mesmo traço ou atitude.

A concepção de projeção presente nos textos de Perls restringe-se ao âmbito do reprimido. São projetados os traços, as atitudes e os atributos considerados sombrios, indesejáveis, incompatíveis com o conjunto de valores que orientam a vida consciente da pessoa. Esses valores, por sua vez, são vistos como alheios ao *self*, isto é, estranhos ao sistema de respostas pessoal, cujo bom funcionamento depende de uma *awareness* preserva da. Ou seja, são introjetos. A articulação entre os introjetos e as projeções estaria em que os primeiros *determinam* quais características da personalidade devem ser projetadas. A pessoa não se dá conta *de que* utiliza esse mecanismo nem *de como* o mecanismo se originou e se manteve. O trabalho psicoterapêutico, consequentemente, busca uma transgressão dos valores vigentes para revolucioná-los e, em decorrência, eliminar as projeções que vinham sustentando.

Decorrências terapêuticas

Perls inicia os experimentos sempre pelo exercício de identificação com o polo inconsciente, oposto à atitude consciente do cliente, ou caminha nessa direção. Isso tem uma implicação imediata: o contato direto, incisivo, pontiagudo do cliente com o conteúdo inconsciente. A pessoa não sabe que vai fazer um enfrentamento tão direto quando acata e segue a primeira instrução do psicoterapeuta. As intervenções do profissional vão caminhando de tal modo que acentue o contato com o conteúdo e favoreça a sua emergência com a maior inteireza possível. Com um simples gesto (a instrução inicial), todas as defesas do cliente são suspensas. Em lugar delas, Perls coloca uma defesa externa e estratégica: sua presença e a firmeza na condução do experimento. Isso perdura até que o cliente possa ter feito uma apreciação, um reconhecimento e uma admissão do conteúdo inconsciente, adquirindo uma nova atitude consciente diante dele. Nesse ponto, Perls retira-se e dá o experimento por concluído.

Ainda assim, algumas resistências podem permanecer. O psicoterapeuta, então, procede de uma maneira que vai conquistando um gradual afrouxamento das amarras da consciência do cliente, uma relativização gradual dos rígidos valores e crenças que colaboram para a manutenção da resistência neurótica, até que o polo inconsciente tenha sito manifestado com toda a propriedade, o que se alcança com a expressão de um desejo ou de uma necessidade até então ocultos pela repressão.

Para tanto, a estratégia principal do psicoterapeuta é a suspensão da função pensamento no cliente. A experiência deste deve nortear-se por dois eixos: as sensações corporais e os sentimentos a elas associados, por um lado, e a prontidão da resposta verbal, no plano pré-reflexivo, por outro. O pensamento reflexivo parece ser visto como um mediador defensivo e indesejável, dado que concorre para o impedimento da experiência *imediata*, concebida como *awareness*, que é a função privilegiada pelo trabalho de Perls. Assim, o cliente é levado a observar atenta e minuciosamente todas as manifestações corporais passíveis de captação pelos sentidos, intraceptivamente, a descrevê-las e a decodificar esses sinais sensoriais no que respeita aos sentimentos a eles associados.

Essa auto-observação constitui o único movimento introvertido propiciado pelo trabalho, dado que a tônica principal é o desenvolvimento de uma atitude acentuadamente extrovertida do sujeito para com o objeto. Vale assinalar que mesmo as propriocepções (observação da própria voz, dos gestos e movimentos corporais, da respiração, do batimento cardíaco, da sudorese, das sensações corporais diversas) parecem voltar-se para esses dados como se eles tivessem uma espécie de exterioridade em relação ao sujeito, o que o leva a relacionar-se com eles com certo grau de extroversão. A pessoa é sempre e necessariamente incentivada a transformar numa comunicação, para um interlocutor, toda e qualquer captação feita proprioceptivamente. Há uma espécie de permissão absoluta para que se torne público todo dado privado. Mais que permitida, a comunicação é compulsória. Parece acentuar, na percepção do cliente, o fato de que aquilo a ser comunicado (um sentimento, um pedido, um propósito etc.) é *seu* e, portanto, deve apropriar-se dele. A comunicação ao outro tem o valor de um documento, de uma oficialização, com o que se ritualiza o processo de responsabilização pelo conteúdo que emergiu. O interlocutor pode ser um dos polos em diálogo, alguém imaginariamente presentificado na situação, ou o grupo de participantes. Assim, valorizam-se e incentivam-se os movimentos de interação e contato consigo e com o outro. Eventuais disfunções de contato são trabalhadas a fim de se transformarem em funções de contato. Para alcançar essa finalidade, o cliente é levado a identificar o ambiente e relacionar-se com ele *tal como este se apresenta*, livre de projeções e suposições fundadas meramente na sua fantasia. Assim, ela se torna capaz de perceber melhor qual é o suporte ambiental realmente disponível, sustentando-se em juízos da realidade confiáveis.

O trabalho desenvolve-se de modo que retire a pessoa dos parâmetros em que habitualmente se encontra imersa, libertando-a para uma reorganização do campo perceptivo. Dá-se uma experiência que seria mais bem caracterizada como de aprendizagem de certas funções egoicas, a saber: a observação dos próprios movimentos corporais, preenchendo lacunas perceptivas devidas aos referenciais habituais; a observação da própria capacidade expressiva, o que inclui a voz, a tonalidade emocional do discurso, o gestual; a discriminação entre o que é uma projeção e uma percepção fundada em fatos; a identificação de contradições e desarmonias entre o discurso verbal e a linguagem corporal a ele concomitante.

Conforme citado anteriormente, privilegiam-se as percepções decodificadas por meio da *awareness*, sem que se identifique um trabalho de tematização no plano da consciência reflexiva. Privilegia-se o *experienciar* e prescinde-se de uma elaboração temática intelectiva do processo vivido. Subentende-se que essa tarefa cabe ao cliente, já que o psicoterapeuta não se ocupa dela.

Por fim, o trabalho leva a pessoa a perceber como estrutura as suas relações e com que finalidade as mantém estruturadas dessa maneira. Decorre do experimento uma dissolução da estrutura antiga e um esboço da atitude transformada, graças ao contato com o conteúdo inconsciente (e, quiçá, à assimilação dele) trazido ao plano da *awareness* pelo experimento.

Aspectos estruturais do experimento

Apresento a seguir a síntese das observações feitas com base na análise dos cinco experimentos estudados, obedecendo à sequência das categorias de análise empregadas no estudo individual de cada um.

IDENTIFICAÇÃO E PREPARO DO TERRENO

Perls mantém-se extremamente atento às qualidades formais do discurso do cliente por ocasião do relato do sonho.

Em geral, os episódios estudados começam com um relato do sonho que o cliente pretende trabalhar. Assim, há duas possibilidades:

- se o relato é fluente, contínuo, transmitido de uma forma inteligível, sem hesitações, sem manifestações emocionais evidentes (suspiros, olhares evitados, tremores etc.), Perls parte imediatamente para o experimento;
- se o relato é entrecortado, descontínuo, de difícil compreensão, estruturado com alguma estereotipia na linguagem, hesitante, cheio de pausas ou acompanhado de manifestações emocionais de alguma maneira evidentes, notáveis, flagrantes, Perls faz um trabalho de autossuporte e de aquisição de suporte ambiental, antes de voltar a ouvir o relato do sonho e propor o experimento. Nesse caso, segue-se uma investigação da experiência presente, com o intuito de superá-la, dissolvê-la, equilibrá-la de algum jeito. De modo geral, as dificuldades são avaliadas como disfunções na interação da pessoa com o outro e abordadas para que se alcance uma mudança de atitude e um contato de melhor qualidade.

O método envolve os seguintes procedimentos:

- uma investigação para localizar o sentimento presente;
- uma investigação de como o sentimento acomete a pessoa (o que geralmente revela o dado interacional, isto é, a informação sobre "o outro" com quem se experiencia tal sentimento);
- a comunicação desse sentimento para "o outro" em questão.

Com isso, a *dificuldade* de contato é transformada *em função* de contato, resultando na dissolução do problema. Assim se obtém um breve diagnóstico da condição presente da pessoa e opera-se um breve "tratamento" das dificuldades identificadas. Cumprido esse requisito, Perls se dispõe a ouvir novamente o relato do sonho e proceder ao experimento.

Além disso, fica claro que as funções adaptativas privilegiadas são a sensação e o sentimento, enquanto não se promove o pensamento. A intuição, contudo, é favorecida com base na crença de que decorre naturalmente do contato da pessoa com o plano sensorial, tido como fundamento para o intuir.

Os movimentos introvertidos são incentivados somente na auto-observação sensorial. A finalidade do exercício é a retomada ou a aquisição do movimento extrovertido, interacional, expressivo e comunicativo para com o objeto.

Não são feitas consultas ao cliente acerca do entendimento e da compreensão do que lhe ocorre, nem do sonho, nem se solicitam associações sobre o material relatado. Também não se considera a comunicação espontânea de interpretação ou suposição do cliente a respeito do sonho.

Temáticas eventualmente reveladas na fase pré-experimental não são articuladas com as temáticas a que os sonhos aludem, mesmo quando é evidente que esse tipo de correlação poderia ser feito. Dessa maneira, o *terreno* é o sonho propriamente dito e, assim, qualquer *identificação* do terreno se restringe à percepção de Perls (informação que não é revelada ao cliente) e ao universo do próprio sonho. Não há um *preparo* do terreno como descrito por Zinker.

O psicoterapeuta não revela *o que* vai ser trabalhado (por mais que se perceba que ele tem uma nítida noção do que é), de modo que o cliente sabe apenas que está trabalhando alguma coisa. Decorre daí que o psicoterapeuta se sobrecarrega de responsabilidade pela terapêutica (visto que o cliente não pode compartilhá-la), e ao cliente resta submeter-se ao pulso firme do condutor. Contudo, não se pode afirmar que esteja em jogo uma relação de poder, uma vez que a meta do psicoterapeuta é restituir ao cliente o poder que lhe é subtraído em razão do processo adaptativo, frequentemente repressivo e alienante.

Perls demonstra abraçar sua responsabilidade com segurança, tranquilidade e firmeza, fartamente ilustradas pelo desenrolar dos experimentos e respaldadas pela profunda intimidade do profissional com o próprio método. Seu trabalho é realmente muito *responsável* e *respeitoso*.

CONSENSO

Em todos os experimentos estudados, a existência de consenso torna-se patente na reação participativa e colaboradora dos clientes para com o psicoterapeuta e suas proposições. A rigor, Perls não negocia com o cliente nem o consulta sobre a sua disponibilidade para experimentar comportamentos. Limita-se a fazer proposições que simplesmente são acatadas. Não observei recusas dos clientes; houve, aqui e ali, resistência ao procedimento ou pequenos "dribles" e transgressões, habilmente contornados pelo psicoterapeuta. Perante uma resistência ao comportamento prescrito, Perls investiga qual é a dificuldade presente. Nesses casos, aplica o padrão descrito no item anterior ou inclui-se no experimento de modo alentador, participando do comportamento do cliente, como *objeto para* ou *facilitador da* interação. Em outras oportunidades, oferece sugestões semelhantes à instrução original, inserindo pequenas modificações. Em nenhum momento ele abandona a sua primeira proposição antes de considerá-la suficientemente concluída. Persiste "com jeitinho" e acaba conquistando a aquiescência do cliente, a qual, em algumas oportunidades, soa mais como submissão do que consenso.

Identificam-se algumas ocorrências em que a resistência do cliente é "sábia", por assim dizer, dado que ele busca, na verdade, mais precisão na linguagem de Perls quando sua intervenção inclui uma síntese da percepção do cliente ou consiste numa paráfrase do discurso dele. Nesses casos, Perls atende à implícita solicitação do cliente e reformula a sua intervenção, para ajustá-la ao fato percebido pelo cliente.

Duas observações de cunho geral:

- o simples fato de aquelas pessoas participarem de uma experiência grupal com tais características já indica que existe um consenso amplo (uma disponibilidade para se submeterem à experiência gestáltica) anterior à situação individual de cada experimento e independente dela;
- Perls é, de fato, muito preciso em suas percepções e muitíssimo acurado em suas intervenções (enxerga bem e atinge o alvo, com alta margem de acerto). Como cirurgião, é hábil no manuseio do bisturi. Sou levado a

crer que os sentidos e a intuição dos clientes percebem essa habilidade, gerando neles confiança em Perls e disposição para entregar-se, consensual e concordantemente, aos cuidados dele.

GRADAÇÃO

Em nenhum momento Perls substitui a tarefa proposta por outra mais simples. Em lugar disso, ele utiliza uma ou mais das seguintes alternativas:

- introduz passos intermediários, dividindo a tarefa em degraus;
- insere uma informação teórica;
- inclui-se no experimento, como descrito anteriormente.

Na maior parte das vezes, contudo, o cliente manifesta não ter compreendido muito bem a instrução ou não ter clareza do que se espera dele. Nesses caso ou naqueles em que o comportamento do cliente, seguindo a instrução, evidencia incompreensão, Perls torna as consignas mais claras. Utiliza como recurso preferencial retornar aos fatos verbalizados até então, reconstruindo a consigna com base na linguagem *do cliente*. Vejo esse detalhe como da maior importância, por evidenciar o cuidado de Perls em não contaminar o material do cliente com suas crenças e valores. Limita-se a zelar pela coerência do método.

Numa avaliação global do material de estudo, subentende-se que o grau de dificuldade dos experimentos propostos está dosado adequadamente para a possibilidade emocional dos clientes, o que implica um correto diagnóstico dessas possibilidades por Perls. Além disso, avalio como difíceis e desafiadoras as tarefas propostas, dado que, em geral, atacam o polo inconsciente das funções adaptativas habituais. A insistência de Perls nelas indica que ele está apoiado na sua fé inabalável quanto à eficácia do seu método, por um lado, e à capacidade humana de assimilar conteúdos que, afinal de contas, são próprios, portanto aliados, não inimigos.

AWARENESS

Todo o trabalho de Perls orienta-se por polaridades. Isso se aplica tanto aos temas trabalhados quanto ao modo particular com que Perls percebe o conteúdo dos sonhos, como também se aplica às observações que ele faz do comportamento e da expressão corporal do cliente. Nesse particular, dispensa atenção especial ao movimento das mãos.

Quase todos os experimentos contam com um episódio de contato com as mãos. Perls costuma dirigir a atenção do cliente para a movimentação delas, retirando-a do plano das ideias e das imagens a que estava voltada. Entre os procedimentos usados para isso, os seguintes são os mais frequentes:

- presentificação do potencial energético de cada uma das mãos, com vistas a investigar a prontidão ou a intenção do movimento de uma e de outra, a fim de identificar uma polaridade;
- assinalamento de correlações entre o movimento de cada mão e o conteúdo do sonho;
- identificação de desarmonias entre o conteúdo verbal e a expressão gestual do cliente; nessas oportunidades, Perls "lê" o gesto (denuncia a intenção do gesto) para contrastá-lo com o anúncio verbal concomitante, flagrando, assim, contradições despercebidas pelo cliente;
- recurso a observações teóricas, associando o lado direito ao aspecto masculino e o esquerdo ao aspecto feminino da pessoa.

Com essas medidas, Perls libera o cliente do aprisionamento aos parâmetros que habitualmente lhe servem de referência e direcionam a sua atenção para um lado. Resultam daí as experiências realmente terapêuticas, dado que reorganizam o campo perceptivo do cliente, fazendo-o dar-se conta do seu modo de ser de uma maneira inovadora em relação à que lhe é mais corriqueira, costumeira e em geral cristalizada.

Todos os trabalhos voltados para a superação de bloqueios ou interrupções, nos termos já descritos, destinam-se a intensificar a *awareness* do cliente, favorecendo o autossuporte, bem como a interação mais livre com o ambiente e com o outro. Qualquer desequilíbrio percebido por Perls nesse sentido recebe a sua atenção. A pessoa pode experimentar algumas de suas sensações sem compreender o que significam. Estranha e muitas vezes teme os sinais que recebe do corpo, podendo também decodificar incorretamente o significado deles. O incentivo ao cliente para que preste atenção à sua experiência sensorial possibilitará que se dê conta do sentido dela. O trabalho de Perls desenvolve-se precisamente nessa direção. Identificado o sentido da experiência sensorial, a pessoa é incentivada a usar essa tomada de consciência, em geral expressando verbalmente a um interlocutor o sentimento ou o desejo percebido. Resgata-se, então, o fluxo intuitivo do funcionamento espontâneo, muitas vezes bloqueado por interrupções no ciclo *awareness*-excitação-contato.

LOCALIZAÇÃO DA ENERGIA DO CLIENTE

Se algum critério tem centralidade na orientação do trabalho de Perls, deve ser a noção de energia.

O ponto de partida para a escolha do momento em que introduzirá o experimento, a escolha do experimento propriamente dito e, dentro dele, a eleição do foco a ser empreendido a cada etapa constituem uma avaliação implícita das condições em que se encontra a energia do cliente.

São três as fontes de informação a respeito dessas condições (e a sequência em que as apresento representa a sequência da observação de Perls):

1. A forma do discurso do cliente e a sua atitude ao iniciar o trabalho. São observados os seguintes aspectos:

- as características gramaticais mais incidentes;
- a fluência: o discurso pode caracterizar-se como hesitante ou entrecortado, "verborrágico" ou apenas fluente. Um excesso (hesitação ou verborragia) é considerado indicador de energia desequilibrada;
- a voz (tonalidade, expressividade, clareza): excessos ou dissonâncias (voz fraca, desvitalizada, agressiva, chorosa etc.) indicam energia desequilibrada;
- a atitude do cliente (associada aos aspectos supracitados) diante dos demais participantes do processo (retraimento, medo, introversão defensiva, evitação): atitudes mais extrovertidas e de interação são qualificadas de equilibradas.

2. O conteúdo do sonho relatado. Essa parece ser a informação mais relevante. Perls procura identificar os elementos do sonho portadores de projeções significativas. O exercício de identificação é uma tentativa de ensejar a apropriação da energia inerente a esses elementos, o que se obtém quando o cliente dramatiza o elemento — isto é, assume a sua voz, postura e descreve-se pelos seus atributos essenciais, revelando, contatando e apropriando-se do conteúdo psíquico a ele associado. O trabalho de Perls visa assegurar que o desempenho seja o mais expressivo e representativo possível.

3. Os gestos do cliente (linguagem corporal, expressiva). São observadas as diversas mensagens emitidas pelo corpo do cliente, em contraste e correlação com as mensagens verbais veiculadas ao mesmo tempo. Perls incentiva o uso das mãos para acentuar a expressividade das comunicações do cliente.

Essas três dimensões recebem a atenção do psicoterapeuta durante o desenrolar dos experimentos, e ora uma, ora outra torna-se figura e recebe as intervenções terapêuticas.

Diante de exposições fluentes, harmônicas e equilibradas dos clientes, Perls identifica qual a prontidão à flor da pele e promove a *continuidade mais natural* para o fluxo de conteúdos que se expressam (restauração da intuição). Como um diretor teatral, Perls procura apenas abrir espaço para que o cliente dance livremente a coreografia que o seu corpo requer ou recite a poesia que a sua imaginação concebe ou verbalize o texto que as suas ideias compõem.

Onde há desarmonias e desequilíbrios, por outro lado, Perls trabalha de um modo que favoreça um "diálogo" entre as forças oponentes, com vistas à supressão da diferença de potencial; o propósito é retomar o equilíbrio psíquico relativo àquele conteúdo.

FOCALIZAÇÃO

Considero a atividade de Perls similar à de todo profissional cujo ofício exige minuciosa concentração, atenção, precisão e rigor metodológico. Ele age como um maestro de musicalidade tão desenvolvida que, mesmo diante de uma partitura desconhecida, consegue conquistar do instrumentista o seu melhor desempenho. As diversas etapas de um experimento assemelham-se aos movimentos de uma sonata. É como se Perls conhecesse bem a estrutura de qualquer sonata e, por isso mesmo, pudesse assegurar a criação e a execução de cada peça particular. Como cirurgião, ele não costuma se distrair em relação ao objeto de intervenção. Lembra também os profissionais de controle de qualidade, assegurando e zelando pela exatidão e pelo bom acabamento de todo produto.

A impressão que se tem é a de que Perls intui o todo, *como se* vislumbrasse o desenlace dos experimentos. O trabalho, então, consistiria em preencher esse todo com o conteúdo pertinente. Certamente essa suposição é descabida, dado que, na realidade, a composição é a quatro mãos, e Perls não poderia se antecipar ao cliente na revelação de um conteúdo psíquico único e próprio. Ocorre, portanto, que Perls conhece a estrutura de *processos psicológicos*, intuindo assim o caminho para desenrolá-los com mais fluidez.

Desse modo, o trabalho de focalização consiste em dirigir a atenção para um desenvolvimento processual, bem como colocar (administrar) a energia do cliente na mesma direção.

Perls elege o foco a cada momento e mantém-se guardião dele até que se atinjam critérios de suficiência. Impede até as menores transgressões, distrações ou tentativas de evasão do cliente. Os diversos focos são geralmente bem assinalados e demarcados por intervenções verbais delimitadoras. Com a sua firmeza e incorruptibilidade, Perls conquista a confiança e o despojamento dos clientes.

Tem-se a impressão de que a experiência do cliente nunca fica "solta" ou inconclusa. É possível que isso se deva principalmente à condução de Perls, com especial atenção ao desenvolvimento e à conclusão de cada foco particular e de todo o experimento.

CONSTRUÇÃO DE AUTOSSUPORTE

Não se distingue a construção de autossuporte nos termos de Zinker. O conjunto do trabalho, porém, destina-se em última análise a esse fim ou tem como "efeito colateral" a construção do autossuporte do cliente. Contudo, as investigações a que me referi nos quatro itens anteriores podem ser consideradas etapas para beneficiar capacidades e funções de autossuporte.

Portanto, de uma visão de conjunto dos experimentos depreende-se também que o psicoterapeuta está extremamente bem sustentado em seu suporte, a julgar pelo rigor da sua atenção e pela firmeza e sensatez da sua condução, o que denota grande familiaridade com o próprio método e clareza de propósitos.

Para o cliente, são favorecidas a propriocepção e a auto-observação de sensações e sentimentos presentes, o que o leva a um sentido mais nítido das bases nas quais se sustenta. Além disso, boa parte da terapêutica destina-se ao estabelecimento de um suporte ambiental favorável ao desenvolvimento do episódio ou à identificação do suporte ambiental disponível a cada momento.

TEMA

Ao longo de todos os experimentos percebe-se a clareza com que são enfocados e desenvolvidos temas específicos. No entanto, só muito raramente Perls denomina ou sintetiza o tema que está evoluindo. Quando o faz, prioriza a maneira particular com que a pessoa contata ou interage com o outro, ou seja, a maneira como estrutura as suas relações, sinalizando, também, com qual finalidade o sujeito procede assim. Portanto, existe uma ênfase no mecanismo das relações, sem considerações acerca das suas matrizes nem do que as mantém estruturadas daquela forma.

Se, por um lado, conforme mencionado, a experiência do cliente nunca fica "solta" ou inconclusa no desenvolvimento de um foco, o mesmo não se pode afirmar, por outro lado, do desenvolvimento do tema em jogo. Assim, não se destaca nem se aponta com clareza o tema pesquisado. Perls não faz um processamento verbal (intelectual) do tema nem consulta o cliente sobre a sua compreensão. Falta, a meu ver, um trabalho de explicitação, reflexão e elaboração. Quando muito, Perls tece um ou outro comentário teórico, genérico, a respeito do que observa ou das hipóteses que formula, sem vincular em nenhum momento o comentário à experiência única do cliente. Nesse sentido, os diversos temas ficam "soltos" ou dependentes única e exclusivamente da experiência vivencial do cliente, nem por isso pouco significativa. O que Perls faz, conclui-se, é guardar absoluta fidelidade ao núcleo das suas crenças: deve-se preferir a *forma* ao conteúdo. Depreende-se que a aposta de Perls está em que mais fluidez no processo de formação e destruição de figuras (funcionamento saudável) instrumentará a pessoa para o contato com qualquer conteúdo.

Chama-me a atenção, em especial, o fato de que Perls não alinhava os resultados do experimento com o sonho que lhes deu origem. Assim, o sonho acaba servindo de mero pretexto para o experimento, sendo desconsiderado como fenômeno *per se*. Os episódios são concluídos com o *insight* possível para o cliente; nem ele nem o psicoterapeuta se ocupam da *tematização* reflexiva do ocorrido. O nível de conscientização alcançado restringe-se ao plano da *awareness*, em consonância com os propósitos do psicoterapeuta.

ESCOLHA DO EXPERIMENTO

Em todos os experimentos estudados ocorre o mesmo: Perls prefere iniciar pelo exercício de identificação do cliente com um elemento do sonho.

Segue-se sempre um mesmo padrão: a pessoa deve dramatizar em primeira pessoa o papel do elemento destacado por Perls, como que dando voz ao elemento, dotando-o de "personalidade". Percebe-se um critério para a escolha do elemento sobre o qual incidirá o exercício de identificação: elege-se o portador da projeção de uma atitude polar à atitude consciente do cliente. Nos momentos em que se pode identificar claramente o dado polar no próprio relato do sonho, Perls sugere a identificação com o elemento mais abrangente (ou central) do enredo. Quando o elemento escolhido para a identificação é uma figura humana, Perls destaca o *traço* ou *aspecto* da personalidade a ser dramatizada.

Houve uma variante do padrão descrito. Perls sugeriu que o cliente assumisse a voz de um personagem do sonho, passando a relatá-lo novamente, tendo dessa feita o personagem como narrador.

INSIGHT E CONCLUSÃO

Sinteticamente, a finalidade dos experimentos empreendidos parece ser a *emergência de uma fala nova*. Ela pode ser uma afirmação acerca de si mesmo ou uma comunicação ao outro, diferente das formas mecânicas, viciadas ou habituais da pessoa; rompe-se o automatismo das comunicações estereotipadas. Observa-se que o conteúdo dessa fala, em regra, é um desejo. A barreira vencida é o filtro da repressão, quando indevido ou desnecessário. A nova fala é legítima, representativa da identidade mais profunda do sonhador, que algum mecanismo repressor impedia de se manifestar, não raro de cunho cultural ou relacionado aos ditames superegoicos impressos no psiquismo do cliente. Atingido o alvo, o experimento é dado por concluído. Essa etapa geralmente envolve o surgimento, a apreciação e a aceitação de um conteúdo inconsciente polar em relação aos hábitos da consciência. Na terminologia de Perls, muitas vezes avessa ao linguajar analítico, poder-se-ia falar de uma polaridade *despercebida*, indiferenciada, fora do campo de *awareness*, mas, talvez mais importante, libertadora quando contrastada com a ideologia dominante no acervo de valores pessoais até então vigentes.

Valem aqui as observações feitas sobre a conduta de Perls nos temas. Ele não intervém com as suas compreensões, exceto as teóricas, ainda que o observador possa perceber com clareza o que norteia o senso de conclusão que orienta o psicoterapeuta. O surgimento da teorização talvez se deva às características peculiares ao grupo que se submete ao *workshop*, um grupo de treinamento. Naquele contexto, fica claro que a terapêutica é *episódica*, não processual.

FINALIDADE DO TRABALHO

Procura-se identificar uma polaridade significativa, tendo-se como meta a reestruturação da personalidade no âmbito do aspecto investigado. Põe-se grande ênfase em como a pessoa estrutura suas relações e favorecem-se condições para a reorganização do padrão habitual.

O cliente é levado a desenvolver a auto-observação, em especial quando voltada para o plano das sensações e dos sentimentos a elas associados; além disso, é promovida a capacidade egoica de experienciar e *comunicar* os sentimentos e as necessidades percebidos, o que configura o entendimento de que o ser humano é um ser *em relação* e de que a psicoterapia gestáltica serve a dessa dimensão (o coexistir) quando incide sobre os sonhos. A comunicação de uma verdade pessoal ao outro tem valor de documento, um compromisso com a afirmação em jogo e a divulgação de um dado íntimo que, acredita-se, passa a integrar o acervo pessoal de um modo mais estável e duradouro.

VÍNCULO ENTRE PSICOTERAPEUTA E CLIENTE

Perls diferencia-se claramente como diretor do trabalho. É ele quem toma as decisões sobre o destino do experimento e prioriza o que lhe parece relevante a cada momento, evidenciando sua condição de técnico (aquele que detém o método) e professor (aquele que conhece processos terapêuticos e pode teorizar a respeito deles), detendo a palavra final sobre a direção a seguir. Trabalha nos moldes de um diretor teatral, orientando o "ator" a cada passo sobre qual tarefa empreender, como proceder e quando parar. É bastante atento a sutilezas na comunicação do cliente e utiliza as suas observações para arquitetar o experimento. É hábil no manejo das resistências. Atua moderada e persistentemente, promovendo o surgimento do conteúdo psíquico inconsciente com *status* de legitimidade e pertinência. Conquista a aquiescência do cliente com jeito. Nesse sentido, é uma presença clara, firme e suportiva, mais do ponto de vista técnico que do pessoal. Por vezes revela o seu raciocínio, dando ao cliente a oportunidade de acompanhar as ideias que o orientam, embora não compartilhe a responsabilidade pela condução do episódio. Costuma incluir-se no experimento quando esse expediente promete ser encorajador ou facilitador para o cliente ou, ainda, quando é passível de assegurar a consecução da tarefa. Pouquíssimas vezes expressa o que sente ou experimenta no contato com a pessoa. Não se pode observar, contudo, se ele se norteia pelos próprios sentimentos e percepções. Não focaliza o relacionamento cliente-psicoterapeuta em seus experimentos. Costuma silenciar quando o cliente toma iniciativa para tanto (não encoraja a iniciativa). A firmeza com que conduz o trabalho parece gerar confiança no cliente, que assume uma atitude de concordância.

O cliente, por sua vez, tem um papel passivo na coreografia do experimento, dado que segue as indicações de Perls ou limita-se a responder às suas perguntas. Eventuais iniciativas autônomas do cliente são discretamente aceitas quando em conformidade com a proposição geral do experimento. Quando fogem à prescrição geral, são interrompidas pelo psicoterapeuta, que retoma o experimento tal como concebido e proposto a princípio. O cliente é o "ator" que se submete à direção teatral de Perls e ao mesmo tempo autor do *script* que se dramatiza. Ele compõe o texto e às vezes recebe sugestões de Perls. É evidente que essas sugestões tencionam ressaltar traços atenuados no discurso do cliente ou tentam enfocar e especificar detalhes do conteúdo, a critério do psicoterapeuta, sempre com o intuito de tornar mais clara, precisa e direta a comunicação do cliente para dado interlocutor (veja adiante uma ampliação desse tema).

DIRETIVIDADE DAS INTERVENÇÕES DO PSICOTERAPEUTA

Perls mantém-se rigorosamente na posição de diretor do trabalho. Em grande maioria, suas intervenções são instruções, entre as quais há tentativas de torná-las mais claras e viáveis para o cliente. Orienta-se estritamente pelo conteúdo que vai surgindo no discurso da pessoa. Não interfere no conteúdo, exceto nas seguintes circunstâncias:

- formular uma pergunta capaz de provocar uma resposta que dará *continuidade* ao discurso do cliente;
- destacar um detalhe do conteúdo que requeira maior evidência ou clareza; mesmo nesse caso, o conteúdo é insinuado ou está implícito no discurso do cliente;
- procurar sintetizar ou parafrasear o que já se evidenciava no discurso do cliente;
- facilitar a vivência de uma atitude ou característica projetada.

No mais, Perls limita-se a influir na forma, na expressividade e na tonalidade afetiva que o discurso terá. Mesmo nessas oportunidades, permanece rente ao conteúdo manifesto no texto oral ou nas manifestações gestuais do cliente. Suas instruções são organizadas firmemente em tomo de focos bem escolhidos e bem empreendidos.

Poucas intervenções são interpretativas e outras são explanações teóricas. Estas, conforme comentei, devem-se ao contexto do *workshop*.

O participante sabe que se submete a uma experiência dirigida. Essa direção, portanto, é autorizada. E ele encontra em Perls um diretor que conhece a fundo o seu método, mantém-se fiel a ele e confia nos resultados.

Por todas essas razões, concluo que o conjunto de intervenções do psicoterapeuta é não diretivo.

RECURSOS TERAPÊUTICOS UTILIZADOS

- Identificação
  - Com um elemento do sonho.
  - Com uma personagem do sonho.
  - Com um elemento elíptico do sonho.
  - Com uma personagem do sonho que se torna narradora e reinicia o relato.
  - Com *um* aspecto psicológico de uma personagem do sonho (dá-se um modelo de padrão discursivo, trabalhado aos moldes de um *substitution drill*. inversão do padrão discursivo para o negativo. combinação dos padrões).
  - Com as mãos.
  - Com a própria voz.
  - No condicional.
- Diálogo
  - Entre as partes do sonho.
  - Entre as mãos.
  - Entre o sonhador e um elemento do sonho.
  - Entre o sonhador e um personagem do sonho.
- Expressão corporal
  - Movimentos expressivos numa parte do sonho.
  - Gestos polares (inversão de lateralidade) em relação aos gestos espontâneos do cliente.

  - Movimento das mãos (presentificação das sensações experimentadas).
- Explicitações teóricas.
- Expansão de comunicação feita no contexto do experimento para o contexto grupal, presente.
- Palestra sobre um tema sugerido pelo psicoterapeuta de acordo com o contexto inicial (cenário) do sonho.
- Fantasia dirigida (imaginar que se tem a idade com que está no sonho e relatar a experiência).
- Breve consulta ao pensamento do cliente.

O vínculo entre cliente e psicoterapeuta

Perls *ocupa* deliberadamente um papel bem definido na relação com o cliente. Antes mesmo que se instale uma transferência, já entra em prontidão no psicoterapeuta uma contratransferência que será utilizada estrategica e tecnicamente no decorrer dos episódios terapêuticos. Os parágrafos a seguir tencionam descrever essa posição e discutir algumas das implicações.

Chamar um fenômeno de transferência e outro de contratransferência implica que o processo analítico se inicia com a transferência, como o contraponto musical, em que um canto recebe a resposta do contracanto. O termo contratransferência acarreta, pois, que o ponto de partida seja a transferência do paciente (Etchegoyen, 1987).

Decorre daí que a ordem "natural" dos fatos é tal que ao movimento emocional do paciente para com o psicoterapeuta corresponde um movimento emocional deste para com o primeiro, provocado por ele. Comenta Racker (1986, p. 31): "[...] na atualidade, muitos analistas acrescentam a tarefa de *utilizar* a contratransferência para a compreensão dos processos psicológicos do paciente, pelos quais aquela, em parte, é originada".

Mesmo levando em conta que Perls não exerce a psicoterapia de uma perspectiva psicanalítica, posso afirmar que ele se antecipa à transferência do paciente e inverte essa ordem natural. Com posicionamento e atuação metodológica clara, ele *gera* um tipo especifico de transferência no cliente.

Mario Jacoby (1987) apresenta as contribuições de Jung para uma nova compreensão dos fenômenos da transferência e da contratransferência na relação analítica. Em síntese, são duas as contribuições de Jung: a transferência não deve ter uma causa apenas, mas também uma finalidade, isto é, não se caracteriza só como repetição de um modelo de relação objetal, mas tem um sentido prospectivo e coloca-se a serviço do surgimento de elementos psíquicos ainda indiferenciados. Além disso, elementos arquetípicos do inconsciente coletivo também entram em ação na transferência, fazendo a abrangência do material psíquico transcender o campo de ação do inconsciente pessoal. Jacoby (1987, p. 28-29) afirma:

> A transferência é, na verdade, uma forma de projeção [...]. Utilizamos a palavra transferência como um termo técnico para as projeções que ocorrem na relação paciente-analista. De acordo com Jung, falamos de projeção quando conteúdos psíquicos pertencentes a experiências subjetivas e intrapsíquicas são vivenciados no mundo externo em relação a outras pessoas ou objetos. Isto significa que não estamos conscientes de que esses conteúdos façam realmente parte de nossa própria estrutura psíquica. [...] É certo que a observação de *quais* conteúdos são projetados dá dicas importantes ao analista, mostrando em que áreas um aumento de consciência é de necessidade vital para o paciente. Os conteúdos projetados não são apenas repetições que revelam material reprimido. Novos conteúdos da psique criativa podem surgir e são vivenciados, primeiramente, nas projeções.

Esses entendimentos mostram-se especialmente úteis para a apreciação do que ocorre no trabalho de Perls.

Em primeiro lugar, podemos pensar nas projeções que ocorrem nos sonhos. Cada elemento presente num sonho pode ser visto como um *símbolo*. No linguajar de Perls (1977, p. 102), "todas as diferentes partes de qualquer parte do sonho são você mesmo, uma projeção de você". No linguajar de Jung (1976, p. 543),

> o símbolo pressupõe sempre que a expressão escolhida constitui a melhor designação ou a melhor fórmula possível para um estado de coisas relativamente desconhecido, mas que se reconhece como existente ou como tal é reclamado.

Conteúdos conhecidos prescindem da representação simbólica, dado que o conhecimento é a melhor designação. Símbolos são recursos de que a psique se utiliza para veicular o desconhecido ou o relativamente conhecido, que neles encontram sua melhor designação *possível*. Perceba-se que a melhor designação *possível* não é nem pode ser abrangente a ponto de esgotar o significado da projeção. Se fosse assim, aquela imagem deixaria de ser um símbolo e se tornaria um mero sinal. Perls parece acreditar que uma projeção pode ser trabalhada e esgotada. Isso talvez se aplique a conteúdos reprimidos, que se teriam avizinhado da consciência ou se retiraram dela por incompatibilidade. Nesses casos, pode-se falar de algum conhecimento anterior que requereria pouco mais que um *re*conhecimento. Jacoby, por sua vez, fala da projeção como uma *primeira* aproximação de *novos* conteúdos da psique criativa que nela encontram uma primeira via de aparição e vivência. Nesses casos, evidenciar-se-ia o caráter simbólico (a melhor designação possível) das projeções.

Não vejo motivo para não considerar ambas as ocorrências no trabalho de Perls. Os diversos símbolos que aparecem nos sonhos dos clientes de Perls (uma lavoura, um piloto de bombardeiro, um quarto, uma cozinha etc.) são tomados (ou podem sê-lo) das experiências individuais daquelas pessoas, bem como do coletivo, impessoal ou transpessoal. Se aquelas foram as imagens "selecionadas" pela psique, certamente terá sido por serem elas "a melhor designação possível para um estado de coisas relativamente desconhecido" e por serem elas as projeções capazes de inaugurar ou fomentar vivências ligadas aos conteúdos até então inconscientes. Acredito, sobretudo, que a aparição desses símbolos especificamente em sonhos indique uma espécie de *apelo* por reconhecimento e integração (ou ao menos aproximação gradual de uma integração) no campo da consciência. Veiculam, portanto, a polaridade psíquica que clama por um novo equilíbrio.

A inexorabilidade do símbolo está em que o novo equilíbrio, creio, não exaure a energia psíquica a ele ligada, nem muito menos dá conta de diferenciá-lo a ponto de retirá-lo totalmente do inconsciente. Se assim fosse, os símbolos já trabalhados e interpretados tenderiam a não mais incidir nos sonhos, o que não ocorre.

Em segundo lugar, podemos pensar nas projeções que ocorrem na relação terapêutica. A ocorrência de projeções e da forma especial de projeção que é a transferência independe da abordagem do psicoterapeuta. Ela sempre estará em jogo. Algumas abordagens — em especial, as psicanalíticas — propiciam o surgimento da transferência, dado que ela é o eixo do processo psicoterapêutico. A "tela" tende a ser silenciosa e vazia, uma vez que "o analista tende a mover-se com certa margem de indefinição pessoal" (Fiorini, 1982, p. 55). Assim, o modo de ser do cliente é que vai estruturar aquela relação. No caso de Perls, ao contrário — embora as projeções e sobretudo a transferência estejam vivas na relação psicoterapeuta-cliente —, a tela não é silenciosa nem vazia. O modo como Perls se coloca na situação é que estrutura a sua relação com o cliente. Veja como isso ocorre.

"Seja o piloto" — diz Perls. Ao fazê-lo, ele realiza diversas operações ao mesmo tempo:

- opera uma espécie de suspensão de pelo menos algumas funções egoicas defensivas do cliente, funções de mediação entre os conteúdos internos e o ambiente;
- suspende a reflexão do cliente. No lugar da capacidade reflexiva, promove o âmbito do pré-reflexivo, da experiência *imediata* (não mediatizada) e, portanto, irrefletida; preserva como auxiliares à experiência pré-reflexiva as capacidades de sentir, identificar registros corpóreos sensoriais, verbalizar;
- desliga do ego e da personalidade (na condição de expressiva da identidade consciente) a verbalização, vinculando-a diretamente ao conteúdo psíquico inconsciente. Quem fala, agora, é o símbolo, nos moldes do que se conhece como "imaginação ativa". Como o ego porta o polo oposto ao inconsciente, na fase de diálogo entre partes do sonho ele será um participante ativo, dado que a um só tempo se ativa uma linguagem do inconsciente e instala-se uma interação consciente com ela;
- emite uma ordem, que se configura como contraordem, se vista em contraste com a atitude consciente defensiva habitual do cliente;
- oferece sua presença como uma espécie de desdobramento ou externalização de uma dimensão do cliente, alternativa ou substituta em relação àquelas instâncias suspensas. Aquilo que a consciência do cliente censura, ele permite; aquilo que é excluído, ele revela; o que é desconhecido, ele apresenta. Mais do que permitir, ele *exige* o surgimento de conteúdos reprimidos ou ainda indiferenciados. Nessa medida, Perls poderia ser visto como a personificação do *desejo* imperioso, da *determinação*, da *vontade* inconsciente do cliente. (Isso se evidencia pelo fato de que muitas das intervenções de Perls são formuladas como desejos.) Caso queiramos adotar a perspectiva da psicologia analítica, poderemos afirmar que, no processo adaptativo, o ego, sendo o centro da consciência, é a rigor um embaixador dos interesses do *self*, estando submetido às suas determinações. No entanto, o ego tende a "esquecer-se" de que está numa missão e julga ser ele próprio o diretor do processo evolutivo da pessoa, visto que o complexo do ego imbui-se de uma espécie de

autonomia em relação ao *self*, ainda que o faça ilicitamente. A atuação de Perls concorre para "corrigir" esse estado de coisas. Ele se coloca como uma espécie de "ego alternativo", um novo embaixador do *self*, por isso mesmo defensor de um funcionamento mais próximo das solicitações do *self*.

Marie-Louise von Franz (1981, p. 73-74) interpreta a figura do herói, em contos de fadas, como tendo essa função. Diz a autora:

> O herói é uma figura arquetípica que representa um modelo de ego funcionando de acordo com o *self*. Sendo um produto da psique inconsciente, ele é um modelo que deve ser observado, pois demonstra o ego funcionando corretamente, ou seja, um ego que funciona de acordo com as solicitações do *self*. Assim sendo, de certa forma, o herói parece ser o próprio *self*, pois ele serve de instrumento do *self* e realiza completamente tudo o que o *self* quer que aconteça. Dessa forma, ele é também o *self*, pois expressa ou encarna as tendências salvadoras que ele tem. Então, o herói tem esse estranho duplo caráter.

No trabalho de Perls, todo esse labor restringe-se ao âmbito do inconsciente pessoal e, neste, ao reprimido, única e exclusivamente. O trabalho volta-se, portanto, para uma *reestruturação do ego no campo das defesas*, a serviço, ainda, do processo adaptativo (ao mundo, às circunstâncias, a título de fortalecimento do ego). Quaisquer ganhos adicionais (novos conteúdos da psique criativa que possam surgir e são vivenciados inicialmente na projeção) *decorrem* do trabalho, mas não são a sua finalidade.

Diz Jung (1985, p. 155) a respeito do inconsciente:

> O inconsciente deseja que haja algum interesse para existir, e reclama primeiramente ser aceito assim como é. Desde que esteja estabelecida a existência daquele mundo com que se defronta, então o eu não apenas pode, mas até deve discutir consigo mesmo e tomar posição perante as exigências surgidas por isso.

E, em outro texto (1986b, p. 97):

> O medo do destino é por demais compreensível; ele é imprevisível e ilimitado; encerra perigos desconhecidos, e a hesitação do neurótico em tentar a

> vida explica-se facilmente pelo desejo de ficar de lado, para não ser envolvido na perigosa luta. Quem renuncia à façanha de viver precisa sufocar dentro de si mesmo o desejo de fazê-lo, portanto cometer uma espécie de suicídio parcial.

Perls promove essa discussão do eu consigo mesmo, favorece o envolvimento da pessoa na perigosa luta e, assim, zela pela vida do cliente.

Ao final dos experimentos, atingido um novo acordo entre o ego e o inconsciente, Perls desocupa a sua posição e deixa o cliente por conta própria.

O procedimento requer do cliente uma espécie de confiança *cega* no psicoterapeuta. Suspensas as suas defesas e, em seu lugar, colocado o psicoterapeuta como presença suportiva alternativa, resta-lhe projetar no psicoterapeuta (e, consequentemente, transferir a ele) figuras arquetípicas da ordem do divino e do poderoso. Exatamente como nos casos dos ensinamentos zen, o mestre é quem conhece o caminho; o discípulo nada conhece. A relação inicia-se como uma prova de fogo: se o discípulo enfrenta a tarefa com despojamento, o mestre o aceita; se não, o mestre o dispensa.

Zeus era um fertilizador. Sua missão, além de estabelecer uma ordem e zelar por ela, era suprir o universo de funções ausentes em seus domínios. Utilizava-se de todos os artifícios possíveis e imagináveis, na tentativa de abordar, seduzir, penetrar e fertilizar deusas e mortais para, com elas, gerar uma numerosa prole capaz de representar os seus desígnios. Hera, sua irmã e mulher, zeladora da união e do amor entendidos como legítimos, perseguia vingativamente as amantes do marido e a prole ilegítima, norteada por seus entendimentos a respeito da instituição pela qual era responsável. Em certa ocasião, desejoso de manter relações com ninfas, Zeus lembrou-se de Eco, também uma ninfa, muito tagarela, e convidou-a para distrair Hera com suas histórias. Entretida, quase hipnotizada com as tagarelices de Eco, Hera de fato deixou de vigiar Zeus temporariamente, e ele pôde realizar seus intentos. Hera, de certo modo, é a representante das nossas ideias, concepções e valores regrados: os introjetos, as determinações da cultura, as restrições superegoicas. Ela personifica um tipo controlado e controlador de consciência, uma consciência que se opõe à *awareness*. Enquanto Hera está concentradamente atenta, no sentido tenso e negativo de que fala Perls, nenhum ato criativo pode ter lugar. Para que ocorra o livre fluxo da fertilização, da fecundação e o engendrar de novas possibilidades, é necessário que Zeus esteja livre e Hera se distraia. Hera e *awareness* são incompatíveis.

O trabalho de Perls cumpre a mesma função de Eco no mito. Ele não é tagarela, nem exatamente hipnotiza Hera; o que faz é conquistar dela a atenciosa escuta do sentido e do significado das vontades de Zeus, representante de uma consciência mais ampla, abrangente e inclusiva a todos os níveis do existir e, ainda assim, ordenada. Enquanto Hera, positivamente concentrada, focaliza e toma conhecimento das intenções justas do *self*, um ato criativo de Zeus procria um filho "ilegítimo" no interior da pessoa, enriquecendo a sua vida e preenchendo lacunas da sua experiência.

Nesse sentido, Perls é a ama que se cumplicia ao amor de Romeu e Julieta e assegura-lhes a noite de núpcias, isto é, contraria as determinações da legalidade patriarcal para instaurar em seu lugar a legalidade psíquica. As núpcias pelas quais ele zela são as conexões intrapsíquicas impedidas por valores culturais, interdições, crenças e temores. Ele é o parteiro dos filhos de Zeus com as ninfas.

No mito, a auxiliar de todos os partos é Ilítia, serva de Hera. Por determinação da defensora do amor legítimo, Ilítia manteve cruzadas as pernas de Leto (para dificultar o parto) e não foi em socorro dela. Grávida de Apolo, um filho de Zeus, Leto sofreu as dores do parto por nove dias antes que o filho nascesse. Íris, promotora de harmonia e paz nos relacionamentos, recebeu de Zeus o encargo de presentear Hera com um colar de âmbar. O âmbar inebria e, portanto, distrai os rigores da consciência. Hera, "sensibilizada" com o presente, como costumam enfatizar os mitólogos, cede e permite que Ilítia descruze as pernas. Apolo nasce, finalmente.

Perls é também Íris, que sensibiliza Hera para que libere a função de Ilítia. Só não o faz à maneira de Íris, muitas vezes farsante e sedutora. Em vez disso, é firme e assertivo com ela, denunciando e dissolvendo as suas estratégias e boicotes, conquistando dela a devida consideração para com o "outro". Se Hera está ativa, não há fertilização nem nascimentos, exceto aqueles que a incluem como parceira. Para seguir esse curso, a psicoterapia precisaria silenciar a Gestalt. Não haveria *awareness*, só consciência, em sinal de defensiva dissociação.

Fertilizar e parir são funções respectivamente masculina e feminina que precisam estar íntegras e livres em nosso psiquismo para que a vida se mantenha em movimento. Ambas só se exercem mediante a distração e a sensibilização da nossa Hera-controle-defesa. O ato criativo é sempre uma transgressão. Contudo, Hera não pode simplesmente receber prisão perpétua ou viver bêbada e abobalhada num perene estado de inconsciência. Isso seria a loucura. Hera precisa ser retomada e validada em sua nobre missão de zeladora das instituições. Ao mesmo tempo que representa a ameaça de empobrecimento da personalidade com sua rigidez, depende da sua presença a integridade e a identidade da pessoa. Perls é um excelente articulador desses dois eventos: possibilita a transgressão, porém sempre norteado por uma ética inclusiva e integradora. Colocam-se em questão as leis e a moral restritiva do cânone cultural, mas não a legalidade da psique, uma vez que a seu serviço incide o trabalho de Perls.

Referências

AUGRAS, Monique. *O ser da compreensão – Fenomenologia da situação de psicodiagnóstico*. Petrópolis: Vozes, 1981.

ETCHEGOYEN, R. Horacio. *Fundamentos da técnica psicanalítica*. Porto Alegre: Artes Médicas, 1987.

FAGAN, Joen; SHEPHERD, Irma Lee (orgs.). *Gestalt-terapia – Teoria, técnica e aplicações*. Rio de Janeiro: Zahar, 1973.

FIORINI, Héctor Juan. *Teoria e técnica de psicoterapias*. Rio de Janeiro: Francisco Alves, 1982.

FRANZ, Marie-Louise von. *A interpretação dos contos de fadas*. Rio de Janeiro: Achiamé, 1981.

GREEN, André. "O outro e a experiência de *self*". *In*: KHAN, Masud. *Psicanálise: teoria, técnicas e casos clínicos*. Rio de Janeiro: Francisco Alves, 1984.

JACOBY, Mario. *O encontro analítico — Transferência e relacionamento humano*. São Paulo: Cultrix, 1987.

JUNG, Carl Gustav. *Tipos psicológicos*. Rio de Janeiro: Zahar, 1976.

______. *Mysterium coniunctionis*. Petrópolis: Vozes, 1985.

______. *A natureza da psique*. Petrópolis: Vozes, 1986a.

______. *Símbolos da transformação*. Petrópolis: Vozes, 1986b.

LATNER, Joel. *The Gestalt therapy book*. Nova York: Bantam, 1974.

NARANJO, Claudio. *The techniques of Gestalt therapy*. Berkeley: The SAT Press, 1973.

NEUMANN, Erich. *A criança*. São Paulo: Cultrix, 1991.

PERLS, Frederick. *Ego, hunger, and aggression – The beginning of Gestalt therapy*. Nova York: Random House, 1969. [Edição brasileira: *Ego, fome e agressão*. 3. ed. São Paulo: Summus, 2002.]

______. "Quatro palestras". *In*: FAGAN, Joen; SHEPHERD, Irma Lee (orgs.). *Gestalt-terapia – Teoria, técnica e aplicações*. Rio de Janeiro: Zahar, 1973.

______. *Gestalt therapy verbatim*. Nova York: Bantam, 1974. [Edição brasileira: *Gestalt-terapia explicada*. São Paulo: Summus, 1977.]

______. *A abordagem gestáltica e Testemunha ocular da terapia*. Rio de Janeiro: LTC, 1978.

PERLS, Frederick; HEFFERLINE, Ralph; GOODMAN, Paul. *Gestalt therapy – Excitement and growth in the human personality*. Nova York: Dell, 1951. [Edição brasileira: Gestalt-terapia. São Paulo: Summus, 1997.]

POLSTER, Erving; POLSTER, Miriam. *Gestalt-terapia integrada*. São Paulo: Summus, 2001.

RACKER, Heinrich. *Estudos sobre técnica psicanalítica*. Porto Alegre: Artes Médicas, 1986.

SIMON, Ryad. "As várias técnicas psicoterapêuticas — Visão geral". *Boletim de Psicologia*, São Paulo, v. XXIV, n. 64, 1972.

SMITH, Edward. *The growing edge of Gestalt therapy*. Nova York: Brunner/Mazel, 1976.

TELLEGEN, Therese. *Gestalt e grupos – Uma perspectiva sistêmica*. São Paulo: Summus, 1984.

ZINKER, Joseph. *Creative process in Gestalt therapy*. Nova York: Brunner/Mazel, 1977.

Apêndice

Além dos cinco experimentos escolhidos para o estudo, examinei também um trabalho grupal que aparentemente ritualizava a abertura do *workshop*. A dinâmica do trabalho é distinta da que se aplica aos experimentos. Porém, o conteúdo temático oferece um interessante pano de fundo para o desenrolar posterior dos episódios individuais. Vamos acompanhá-lo.

DESENHANDO O PAPEL DO SONHO

Transcrição do episódio

Fritz: Agora eu quero que vocês todos falem com seus sonhos e ouçam o que os sonhos têm para dizer. Não o conteúdo, mas como se os sonhos fossem uma coisa. "Sonhos, vocês me assustam... Não quero nem saber de vocês", ou algo semelhante, e ouçam a resposta dos sonhos. *[todos conversam com seus sonhos por alguns minutos]* Bem, agora eu gostaria que cada um de vocês fizesse o papel dos seus sonhos, assim: "É raro eu aparecer pra você, e quando venho é um pouquinho aqui, um pouquinho ali", ou seja qual for a sua experiência com os sonhos. Quero que vocês sejam esse sonho. Invertam os papéis, de modo que ocupem o lugar do sonho, e falem com o grupo como se o sonho conversasse com vocês.

Neville: Eu faço você de tolo, não é?... porque estou cheio de fatos importantes a seu respeito, mas não o deixo se lembrar de mim. Isso lhe enche o saco, não enche? Confunde, e eu me divirto quando o deixo deprimido e o vejo afundando cada vez mais conforme as horas passam. Você não teria a menor dificuldade de se lembrar de mim se ao menos se concentrasse em mim um pouco. Então eu fico brincando de esconde-esconde com você, e eu bem que gosto de vê-lo descontente. Eu faço vocês todos de tolos. Eu brinco com vocês e daí engano vocês, pra confundir todo mundo... Eu o obrigo a ver uma faceta diferente, não é mesmo?... Parece que você não me entende direito. Eu daria um grande show se você prestasse mais atenção, mas, do jeito que as coisas são, você me dá muito pouca atenção, e eu lhe presto um servicinho de quinta categoria.

Ray: Eu sou furtivo. Você sabe que eu estou aqui, mas não deixo você saber o que se passa.

Blair: Eu vou desconcertá-lo. Vou ser simbólico, impenetrável... deixá-lo confuso... perdido.

Bob: Estou todo coberto de névoa, como aquela montanha lá. Mesmo que a névoa passe, dificilmente você conseguirá arrancar algo de mim.

Frank: Você não deveria se envergonhar de mim. Deveria aparecer e vir mais ao meu encontro. Sinto que posso ajudá-lo. Gostaria de encontrá-lo mais vezes.

Lily: Sou capaz de ver e ouvir e sentir e falar e tocar e fazer tudo que você quer fazer.

Jane: Sou alegre, empolgante, interessante. Vou deixar você bem acesa e, quando a gente chegar perto do fim, vou apagá-la. E você não conseguirá ver o fim. E vai passar o dia inteiro amuada porque não chegou ao fim.

Sally: Não somos nós que perturbamos o seu sono. Se tivéssemos uma oportunidade para fazê-la nos ouvir, depois ficaríamos claros como relâmpago. É chocante. Vamos deixá-la chocada, mas você se livrará disso bem rápido. E, quando acordar e se envolver nas tarefas diárias, você nos levará junto. Mas, se continuarmos fazendo assim, sempre igual, enfim você verá que nada vai bem. Vai querer se esconder dos seus erros, dos seus medos, mas nós vamos juntos pra incomodá-la.

Abe: Seja justo com você e lembre-se de que já lhe proporcionamos momentos preciosos, às vezes de descoberta, às vezes de poder. Nos últimos tempos aterrorizamos você — um terror assustador —, e também há pouco você nos deu as costas.

Jan: Não sinto que você queira se lembrar de mim, nem me conhecer. Toda vez que me aproximo, você sempre diz: "Veja, estou cansado demais para anotar o que ocorreu e dar atenção a você. Talvez amanhã cedo eu faça isso". Sinto que você ainda procura me evitar.

Fergus: Sou muito estranho. Sou a única coisa que você tem de sincero, espontâneo, a única coisa livre que você tem.

Tony: Sinto pena de você.

Nancy: Não vou lhe dar o prazer de me conhecer, nem a alegria de se sentir adulta.

Daniel: Você sabe que eu sou feito de um monte de coisinhas inacabadas, e é melhor que seja assim do que simplesmente esquecê-las. Além disso, às vezes sou muito bonito e muito significativo, e você sabe que eu lhe faço muito bem, principalmente quando você me examina com cautela.

Steve: Sou um manto multicolorido que se lança sobre você e o arrebata, dando-lhe poder.

Claire: Você só fica brincando, e na verdade eu sou tudo. E pode esperar por mim para sempre.

Dick: Você sabe muito bem que eu existo, mas me ignora quase o tempo todo.

Teddy: Sou um estado muito criativo e interessante. Enredos, justaposições que você nunca imaginaria acordado. Sou muito mais criativo, sou muito mais assustador, e me mostro a você não em quadros. Você sabe o que se passa quando apareço; depois esquece. Mas não estou nos filmes; sou uma espécie de conhecimento. Você gostaria de me ver em quadros, mas não me mostro assim.

June: Vou deixá-la *deprimida*, vou *destruí-la*, vou *cercá-la*, deixá-la *no chinelo* e fazê-la se sentir sem fôlego. E eu vou *ficar* aqui e *suprimir* você!...

Fritz: Bem, talvez vocês tenham percebido uma coisa muito interessante que aconteceu com vários de vocês: quanto o sonho em si simboliza o seu *self* oculto. Eu gostaria que vocês trabalhassem com isso nos grupos, que experimentassem *ser* aquela coisa que vocês imaginavam ser apenas um sonho. Não sei quantos de vocês que falaram por seus sonhos se dão conta de quanto se revelou a seu respeito, mas tenho certeza que a maioria pode reconhecer facilmente que essa é a característica que vocês não gostam que apareça. Se vocês entendessem *literalmente* o que eu disse para vocês fazerem, isto é, falar pelo sonho como se o sonho fosse uma pessoa, essas instruções não fariam o menor sentido. Como é que vocês podem ser o seu sonho? Mas então, quando o expressaram, ele se tornou tão real! Vocês sentiram mesmo que essa é a pessoa que está aqui. Às vezes é uma surpresa que a pessoa consiga vestir a máscara com elegância e segurança. Por exemplo, vocês perceberam quanta coisa se revelou em June. Não sei quantos de vocês já viram o tremendo poder destrutivo que ela tem. Revelou-se com toda clareza. Belíssimo.

ANÁLISE

Nesse episódio, Perls faz em grupo trabalhos breves, individuais. Os trabalhos não caracterizam experimentos estritamente, mas *exercícios*, pois se aplicam a diversas pessoas ao mesmo tempo e não se concluem. Ambos poderiam ser vistos como um só exercício de duas etapas; outras etapas poderiam ter sido adicionadas. Seria um experimento caso se observassem outros critérios, como a proposta partir de material levado pelos participantes, a intensificação da *awareness*, maior clareza do *insight*, novidade e descoberta pelos clientes.

O exercício foi apenas um mobilizador e uma ilustração para alguns dos entendimentos de Perls a respeito dos sonhos. Ao final, ele discorre brevemente sobre algumas das suas concepções acerca do que os sonhos podem revelar.

Método do exercício

Primeiro passo. Perls dá uma instrução ao grupo. Coloca-se como responsável por ela, pois usa a primeira pessoa e fala de um desejo: "Agora eu quero que vocês [...]". Exemplifica duas vezes o que quer dizer. É breve e conciso. Observe que Perls não sugere exemplos de como as respostas poderiam ser dadas.

Segundo passo. Indivíduos do grupo seguem as instruções e conversam com seus sonhos por alguns minutos.

Terceiro passo. Perls dá uma nova instrução, incluindo uma interação (unilateral) com o grupo: o indivíduo deve assumir o papel do sonho e falar ao grupo como se falasse consigo mesmo.

Quarto passo. cada pessoa, uma de cada vez, segue a instrução. Todos os depoimentos são ouvidos sem a intervenção de Perls ou de qualquer membro do grupo.

Na primeira instrução, Perls diz *sonhos*, no plural. Duas interpretações são possíveis: as pessoas podem entender que devem conversar com um único sonho ou com seus sonhos em geral. No exemplo dado, Perls utiliza *sonhos*, no plural, o que restringe o entendimento dos participantes a uma possibilidade só. Na segunda instrução, a primeira sentença também dá margem a duas leituras. Em seguida, porém, o exemplo aparece no singular (eu, não nós). Depois, Perls volta a usar o plural uma vez, e o singular, três vezes. Isso torna as instruções confusas, pelo menos no aspecto aqui destacado (singular/plural), e pode resultar em produtos igualmente confusos, o que fere a eficácia do exercício e invalida exatamente o ponto que Perls pretendia enfatizar. Assim, entre os participantes do grupo, alguns se utilizaram da primeira pessoa do plural (nós, nos, nosso etc.).

Além disso, Perls sugeriu que a pessoa deveria falar com o grupo como se estivesse falando consigo mesma. O exercício teria sido mais eficaz se houvesse um quinto passo, uma nova instrução: "Agora, fale ao grupo como (nome) o que você disse como sonho". Isso teria facilitado a identificação da pessoa com o que ela dizia, o que, afinal, era a finalidade do exercício, como se esclarece no comentário final de Perls. A falta dessa cautela deixou o resultado do exercício (a identificação) por conta da possibilidade de *insight* de cada participante.

Comentários sobre as observações finais de Perls

A primeira observação de Perls é de que o sonho *simboliza* seu "*self* oculto". A palavra oculto pode ser uma referência ao *reprimido* e pode caracterizar o *desconhecido*, ainda não revelado, porém disponível como potencial por desenvolver. Para avaliar esse significado, consulto o que Perls diz logo a seguir: "essa é a característica que vocês não gostam que apareça". Ambos os significados permanecem válidos: a pessoa *resiste* e mantém a repressão e/ou *se abstém* de conhecer o desconhecido.

O conceito de *self* no referencial gestáltico é bastante diferente da concepção analítica do mesmo termo. Perls, Hefferline e Goodman (1951, p. 276) o definem como "sistema de contatos em dado momento". É mutável; varia conforme as necessidades orgânicas prioritárias e de acordo com os estímulos ambientais dominantes, sendo, por isso mesmo, o sistema de respostas aos estímulos internos e externos. A saúde e a doença podem ser avaliadas tomando-se o funcionamento do *self* como medida. Seria saudável a pessoa responsiva e capaz de diferenciar o estímulo que mobiliza seus reais interesses e excitações daquele que, por ser alheio à sua identidade, perturba o processo normal de formação de figura/fundo. Disfuncional seria a pessoa que refreia a própria espontaneidade, por estar alienada da sua identidade. O ego seria o sistema de identificações e alienações. É ele, então, quem delibera se o *self* — sistema de respostas — será ou não alienado. Identificação, portanto, é um processo de conscientização de que *quem responde sou eu*, espontaneamente, diante de qualquer situação vital.

O *self* oculto, portanto, nada mais é que uma resposta desconhecida e/ou reprimida.

Quando Perls diz que o sonho simboliza o "*self* oculto", sua compreensão parece ser a de que o sonho o *personifica*, supondo-se que o modo de ser do sonho *coincide* com o padrão de respostas do *self* oculto. Ao identificar-se com o sonho, portanto, a pessoa estaria dramatizando a emissão de uma resposta inusitada ou a liberação de uma resposta bloqueada por repressão.

Grupo Summus
www.gruposummus.com.br
www.gruposummus.com.br
Acesse, conheça o nosso catálogo e cadastre-se para receber informações sobre os lançamentos.

www.gruposummus.com.br